浙江省社科联社科普及重点课题"计量文化科普丛书——计量人物小传"编号（**22KPDWO2YB**）被列为浙江省社科规划课题。

计量人物小传

孔令凤　著

中国原子能出版社

图书在版编目（CIP）数据

计量人物小传 / 孔令凤著. --北京：中国原子能
出版社，2023.11
　ISBN 978-7-5221-3189-4

　Ⅰ. ①计… 　Ⅱ. ①孔… 　Ⅲ. ①计量学–科学工作者–
列传–中国 　Ⅳ. ①K826.16

　中国国家版本馆 CIP 数据核字（2023）第 234040 号

计量人物小传

出版发行	中国原子能出版社（北京市海淀区阜成路 43 号　100048）
责任编辑	杨晓宇
责任印制	赵　明
印　　刷	炫彩（天津）印刷有限责任公司
经　　销	全国新华书店
开　　本	787 mm×1092 mm　1/16
印　　张	15.25
字　　数	219 千字
版　　次	2023 年 11 月第 1 版　2023 年 11 月第 1 次印刷
书　　号	ISBN 978-7-5221-3189-4　　　定　价　72.00 元

网址：**http://www.aep.com.cn**　　　　E-mail：**atomep123@126.com**
发行电话：**010-88828678**　　　　　　版权所有　侵权必究

前 言 <<
Preface

　　计量的发展关乎国计民生，是科技进步的前提、维护人民生命安全和身体健康的保障、国防建设的有力支撑、经济发展的基础，兼具自然科学和社会科学双层属性。计量的发展离不开计量学者们的辛勤工作，相对于科技史研究的其他分支，计量史领域还有很多课题值得探究，尤其是对计量有贡献的人物的研究还有很大欠缺。《计量人物小传》依据各种历史文献资料，从不同的视角简要介绍了活跃在计量领域的一些有影响的历史人物，对研究和了解计量的历史发展有一定的参考价值。

　　对计量的重要性，我们的祖先早有认识，并为推进计量科技的发展和计量管理进行过卓有成效的实践。科技活动的主体是人，计量的发展离不开计量学者的辛勤工作，忽略了对他们的研究，就不可能获得对中国计量史的全面了解。中国是一个有着悠久历史文化的古老国度，是远古人类的重要起源地，中华文明是人类最古老且从未中断过的文明，从神话传说中的三皇五帝时期到如今 21 世纪信息飞速发展的新时代，勤劳勇敢的中华民族从未停止过对计量科学探寻和创造的脚步。从原始人搬出洞穴设计简单的房屋到量体裁衣、行车走路、丈量土地，从上古辨别方向的指南车到新莽时期的铜卡尺，从祖冲之计算容积所推算出的圆周率、苏颂设计的水运仪象台，到现代居于全球领先地位的量子通信技术，这些都与计量有着密切的关系。在计量发展过程中，计量学者的贡献是至关重要的。

早在公元前 4 世纪，秦国的秦孝公就大力支持计量人物商鞅变法，此次变法在中国历史上首开以国家力量从法律层面推行统一的度量衡制度之先河，同时，计量标准器在商鞅主持设计下首次使用。在之后一百多年的时间里，秦国度量衡一直保持稳定，这为秦国的强盛以及最后统一中国奠定了经济和技术基础。古代学者对计量的重要性有充分论述，孔子就曾把"谨权量"作为其治国方略之一大加宣讲。回顾古代中国，历朝历代，没有不重视计量问题的。历史告诉我们，计量的稳定与社会发展具有密切联系，计量状况是社会状况的缩影。计量集中体现了传统文化中的科学思想和科学方法。计量的重要性，决定了计量人物的重要性。研究历史学、科技史、古代社会经济和文化，绝不能置计量人物于不顾，这是不言而喻的。本书就是笔者顺应计量文化研究的这一内在要求所做的一种努力。

在我国，计量具有浓厚的中国特色，它对于了解中国传统文化、激励青年人奋发上进、促进民族团结、增强文化自信等都具有重要意义。本书通过具体的案例来分析在计量人物的带动下，计量科技进步与外界环境之间的关系、文化和政策因素对计量产生的影响。在写作取材上，特别注重每个人的基本资料即具体史实，避免任何空洞的褒贬之词；内容包括人物籍贯、生卒年月、学识经历、对计量的重要贡献及重要成就等基本情况。《计量人物小传》向广大读者提供多元化的自然科学与社会科学参考资料，使读者在穿越历史的过程中可以看清中国古代计量在不同历史时期的发展轨迹。撰写过程中特别注意把握严肃与活泼之间的界限：在计量贡献方面，力求采用严谨的科普语言；在生平事迹方面，尽量写得活泼、风趣、幽默，让读者在轻松愉悦中了解计量的发展脉络。本书试图通过对历史上各个重要时期杰出计量学者工作的介绍，对已有的计量史研究的薄弱环节有所弥补，推进中国计量文化的研究。在了解不同时期计量人物的同时，激励相关读者，特别是广大青少年读者立志像计量学家那样成为对社会有贡献的人才。

书中不足之处，希望得到读者的批评指正，这里预先表示感谢！

目 录 << Contents

第一章　神话传说中的计量人物

　　神话传说是一个国家和民族宝贵的精神财富，它是非科学的，却联系着科学的想象，通过幻想的三棱镜反映现实，并对现实产生影响。世界上各个国家和民族都有着自己动人的远古神话，中国作为有着数千年历史的文明古国，其神话传说不但丰富多彩而且浪漫动人，它在文学史上有着很重要的地位。它的题材内容和各种神话人物对中国计量的形成也具有多方面的影响。特别是它丰富、奔放、瑰奇多彩的想象和对自然事物形象化的理解，不仅对后代计量的形成产生了积极的影响，而且为后世计量文化创意产品提供了丰富的想象空间和浪漫源泉。"原始人类并不满足于仅仅对自然现象作解释，随之而来的便是征服自然的神话。"[①]不仅如此，神话还具有丰富的历史价值、艺术价值与美学价值，神话传说与上古时期人类的生活和历史有密切关系，它是研究人类早期社会计量人物的重要文献资料。

　　中国是一个有着悠久历史文化的古老国度，是上古人类的重要起源地，从神话传说中的三皇五帝时期到如今 21 世纪信息飞速发展的新时代，勤劳勇敢的中华民族从未停止过对计量科学探寻和创造的脚步。本章主要对伏羲女娲、黄帝、羲和、望舒、隶首、大禹等上古神话传说中

[①]《袁珂讲中国神异故事》，袁珂著，鹭江出版社 2018 年 12 月 1 日版，第 2 页。

的人物进行介绍，来探讨他们在社会生产与劳动实践中对计量的贡献。

第一节　伏羲与女娲：中国计量工具的最早使用者

探析上古时代的计量人物，首先要证实这些神话传说中历史人物的存在与其生活的大概地域和年代，然后根据考古发现和文献记载考察其与计量相关的联系，这样才能使上古时期人物对计量的贡献落在实处。20 世纪 80 年代，经中国科学院古脊椎动物与古人类专家鉴定，在云南省元谋县、楚雄县等地区发掘的古人类牙齿与头骨化石距今约 270 万年。我国作为世界文明古国之一，有着人类最古老且从未中断过的文明，从远古时期至今大约几万年的时间里逐渐形成了中华人种及其各个支系，他们在中国大地上创造了举世瞩目、连绵不绝的文明。

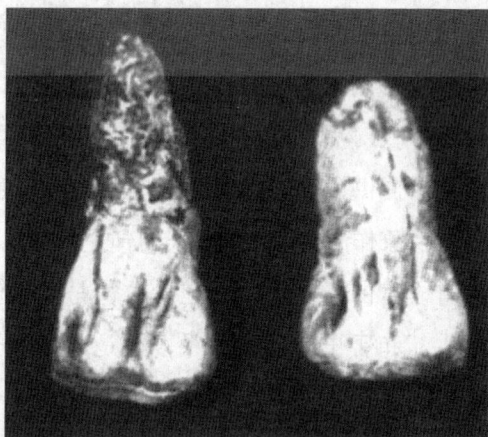

图 1　元谋人牙齿化石

中华民族的文明史至今至少有八九千年，始于伏羲。伏羲首创建木（扶木）为天表，名"中"；伏羲据《河图》《洛书》创八卦，为中华文明的太乙（泰一）大帝，被尊称为人皇，又号羲皇，是中国各族人都公认的人文初祖。上古神话传说中伏羲女娲观天察地、洞彻宇宙太极模式，手持规矩法八级，定四时八节九宫太阳历，从此天下开明，文明就此诞生，计量由是得天机。

图2　伏羲像

图3　伏羲八卦图

伏羲和女娲是中华民族上古时期自然科学和人文科学的集大成者与再创造者，在计量上的贡献最为突出的是卜筮、揆度、规矩的发明，圭表八卦太阳历的创制与推广，上元太阳历的颁布。《庄子·大宗师》用"豨韦氏得之以挈天地，伏羲氏得之袭气母"赞扬伏羲氏有洞察千古的历史眼光。《中国古史的传说时代》上有："挈天地、袭气母，主要是指天地开辟时整理天地。"[①]我们从中也读出这是伏羲、女娲在计量上取得的伟大贡献。这为中华民族独步世界的古代天文成就打下了坚实的基础，伏羲女娲不愧为中华民族公认的祖先。

图4　武梁祠画像砖伏羲女娲图

---

① 《中国古史的传说时代》，徐旭生著，广西师范大学出版社2003年版，第285页。

一、伏羲的传说

相传，伏羲的母亲名叫华胥氏，是一个非常美丽的女子。有一天，她去雷泽郊游，在游玩途中发现了一个大大的脚印。出于好奇，她将自己的脚踏在大脚印上，当下就觉得有种被蛇缠身的感觉，于是就有了身孕。非常奇怪的是，这一怀孕就怀了十二年，后来就生下了一个人首蛇身的孩子，这就是伏羲。当地的人为了纪念伏羲的诞生，特将地名改为成纪，因为在古代，人们把十二年作为一纪。据史学家考证，古成纪就是今天的天水。《汉书》中说："成纪属汉阳郡，汉阳郡即天水郡也，古帝伏羲氏所生之地。"所以，天水历来被称为"羲皇故里"。

《周易》的《系辞》部分和东汉时班固编撰的《白虎通》都有对伏羲的记载，《系辞》说："古者包牺（伏羲）氏之王天下也，仰则观象于天，俯则观法于地，观鸟兽之文，与地之宜，近取诸身，远取诸物，于是始作八卦，以通神明之德，以类万物之情，作结绳而为罔罟以佃以渔，盖取诸离"①。《白虎通》记载："古之时未有三纲六纪，民人但知其母，不知其父。能覆前而不能覆后。卧之法法，行之吁吁，饥即求食，饱即弃余，茹毛饮血，而衣皮苇。于是伏羲仰观象于天，俯察法于地，因夫妇，正五行，始定人道。画八卦以治下，下伏而化之，故谓之伏羲也。"②

二、女娲的传说

女娲，传说是远古时代伏羲的配偶，神话中女娲的功业之一是造人。

① 原文出自《周易·系辞传下》。
② 陈立撰《白虎通疏证》中华书局1994年版，50-51页。

相传女娲依照自己的形状，抟土造人，因为她是用黄土造人，所以中国人是黄皮肤。另一个是补天。天为什么破了？原因很多，但是女娲真是一位伟大的工程师、伟大的母亲，她不辞辛劳，烧炼了很多五彩石，补在天的破洞上，使她的子民有一个舒服的生存环境。"女娲炼五色石以补苍天，断鳌足以立四极，杀黑龙以济冀州，积芦灰以止淫水，民得安居。"上述记载最早见于《列子》第 5 篇。之后，屈原《楚辞·天问》和《淮南子》第 6 篇"览冥训"也有同样记载，后来司马迁著的《史记》也有"女娲曾炼五色石块以补天"的记载。

作为科学知识的传播者，伏羲创作八卦，发明了"网罟"。据历史学家翦伯赞先生考证："八卦可能是一种比结绳更为进步的记事方法。"[1]"网罟"是渔猎的工具。据李迪先生考证：伏羲作八卦，六爻交错配合组成六十四卦，其中包含着深奥的数学原理，有现代组合数学和运筹学的萌芽。这些中国早期数学思想的萌芽，曾对现代科学的发展产生一定的影响，也在国际上受到重视。八卦传入欧洲后，德国数学家莱布尼兹（1646—1716）很感兴趣，并作了研究，从而创立了二进制。他对于《易经》中的八卦评价很高，写道："易图是流传于宇宙间科学中之最古的纪念物。"由于《易经》中有"古包羲氏始作八卦"（包羲即伏羲）这样的话，所以莱布尼兹建立二进制自认为是受了伏羲的启发。在中国的传说中，伏羲与女娲首先是人，而不是人首蛇身、生而知之的"神"。据翦伯赞主编的《中国史纲要》考证："当时黄河下游一带，有太昊氏和少昊氏。太昊氏，又称伏羲氏，发明网罟活动中心'陈'（今河南淮阳）"[2]。据说太昊氏蛇身人首，以龙命官，太昊氏当属蛇图腾。所以传说中的伏羲与女娲所在的群体，很可能就是活动在黄河下游一带的氏族部落之一。

---

[1]《中国史纲要》，翦伯赞主编，第 1 册，人民出版社 1979 年版，第 10 页。

[2] 同上。

三、发明计量工具

山东省嘉祥县汉武梁祠中，目前还保存有汉朝时期所刻的画像石碑，碑上刻着一幅图画，画中左面是女娲，手里拿着十字形器物，就是规；右面是伏羲，手里拿着三角板，就是矩。在高昌（今新疆吐鲁番地区）附近的唐朝坟墓中，亦发现有"女娲执规，伏羲执矩"的图画。所谓规、矩，就是画圆和方形所用的工具。所以，专门研究《中国科学技术史》的英国学者李约瑟博士说："最老的和最简单的测量工具是拉紧的绳或铅垂线、水准仪、量尺、圆规、矩尺和天平或杆秤。在最纯粹的神话资料中，规和矩就出现了，它们组成治理天下的神的传统象征。"[1]这无疑是说，在中国远古时期就已经需要测量技术和应用数学了[2]。

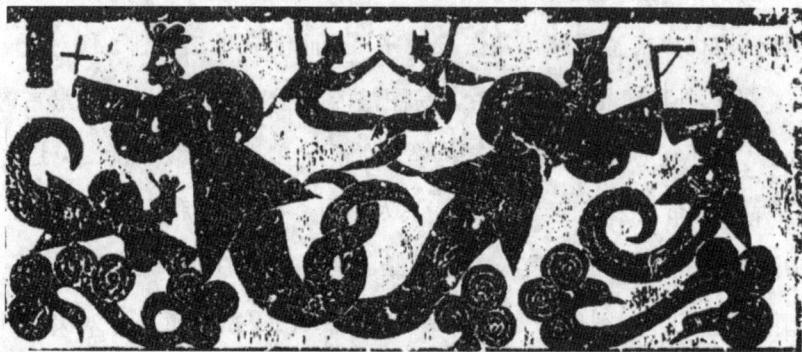

图5　山东武梁祠画像砖伏羲执矩女娲执规（量度天地）图

[1]（英）李约瑟著《中国科学技术史》第4卷"物理"机械工程第2分册，科学出版社，1999年版"引论"，第59页。

[2]（英）李约瑟著《中国科学技术史》第3卷"数学"，科学出版社，1978年版，第51页。

图 6　魏晋时期伏羲女娲图
（贺西林、郑岩主编：《中国墓室壁画全集·汉魏晋南北朝（繁体竖排版）》）

伏羲、女娲发明的计量工具为儒家、墨家两派学者所公认。例如，荀子说：如果把绳墨正确地陈设起来，对于物体的曲直，就不能欺骗人；如果把杆秤正确地悬挂起来，对于物体的轻重就不能受骗；如果正确使用角和圆规，对于物体的方圆就不会弄错。因此，当品行好的人知道正确的道理时，就不会为虚伪错误的东西所欺骗。荀子名况，战国时期赵国人。荀子是在儒家学派中和孟子有同等地位的大师，在诸子百家中也和孟子一样，善于评论异家，表彰儒学，是孟子之后最大的儒者。因此，荀子对当时量具发明的评述，应该是可信的。墨子名翟，鲁国人，活动于春秋末战国初，是战国时期墨家学派的创始人。他提倡尚贤、兼爱、非攻等十余项主张。墨子著的《墨氏春秋》第 145 篇也有和《荀子》同样的记载。这些史料说明，远古时期伏羲女娲发明的水准仪、尺、规、

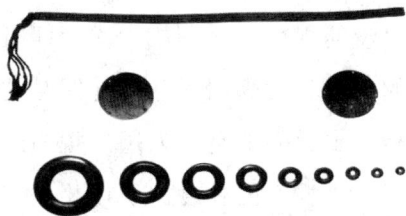

图 7　战国·楚竹衡杆·铜环权
注：环权最大重 125 克，最小重 0.6 克，总重 250 克

矩、天平、秤等计量工具为当时儒家、墨家两派学者所熟悉和公认。此外，湖南长沙左家公山战国楚墓出土了大量天平和砝码，进一步证明春秋战国时期我国人民已使用天平与砝码，足以说明伏羲、女娲发明的计量工具也为平常老百姓日常生活所使用。

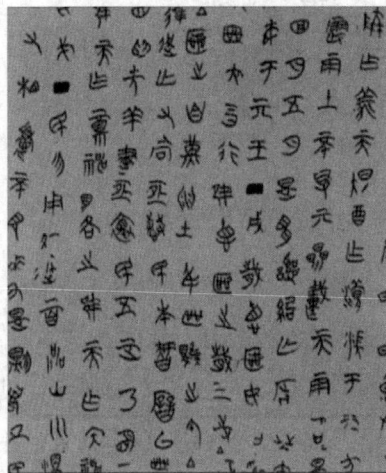

图 8　楚帛书上文字

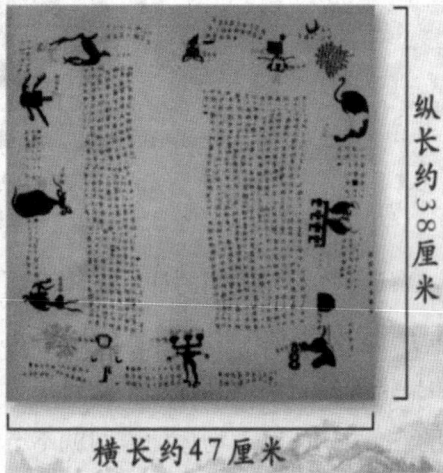

图 9　战国楚帛书·乙篇·第一节

《战国楚帛书·乙篇·第一节》是对伏羲较为明确的记载。《战国楚帛书·乙篇·第一节》记载了女娲与伏羲并不是同一氏族，这就否定了他们是兄妹为婚的传说。帛书简述了伏羲、女娲氏族的形成及历史贡献：伏羲和女娲育有四子，伏羲委派他们到四个不同的方位测量星辰、太阳的周天行度，要他们各自提出观测数据，据以制定历法。于是他们四人分赴东、西、南、北四方，在不同区域各自观测星和太阳在不同季节里在天区和地平方位出没的规律。他们成为掌管四时天体运作变化规律的天象师。帛书中的伏羲和女娲四子，就是四时的象征，他们"步以为岁"的故事，实际上寓意的就是古人通过规矩之道，测天量地，分八方，定四时，定下一"岁"的长度。研读相关文献我们可以推知：伏羲、女娲在实践中通过对物象的观察与测量，就已经有了最初的时间观念。

伏羲女娲图表现了中国古代神话传说中的人类始祖的形象。图中男女二人，均微侧，面容相向，各一手抱对方腰部，另一手扬起，男手执矩而女执规。男女下半身均为蛇形，互相交绕，男女头之间上部绘日形，日中有三足鸟；蛇尾之下绘月形，月中有玉兔、桂树、蟾蜍。男女日月形象四周，有大小不一的圆点，当系星宿，情态生动，线条粗犷，色泽单纯，幅面缀以日月星宿之像，不仅有空间辽阔之感，也显示了伏羲和女娲作为人类始祖的崇高意味。整体构图又似直入云霄的参天巨木，让人联想上古天梯——建木，《淮南子·墬形训》有："建木在都广，众帝所自上下。"《山海经·第十八卷·海内经》记载："有木，青叶紫茎，玄华黄实，名曰建木，百仞无枝，有九欘，下有九枸，其实如麻，其叶如芒，大皞爰过，黄帝所为。" 大皞又作太昊，就是传说中的伏羲。伏羲手里拿的是尺子，称"矩"，是用来丈量的。上古"丈"说的应该还不是长度，而指的是拿着尺子的人在丈量，我们就叫他"丈夫"。丈夫指男人，从字形可知，在田里干活的人叫"男人"，在田里干活，要量有几亩地，量地的人就称为男人，这是一种权力的象征。女娲手里拿的是规，拿"规"是用来研究天象的，传说中国最早的历法就叫"女娲历"。

图 10　彩绘伏羲女娲绢画　　图 11　伏羲女娲图　　图 12　彩绘伏羲女娲麻布画
注：新疆出土的人首蛇身伏羲女娲图，其中伏羲执矩，女娲执规。

图 13　伏羲女娲手执规矩浮雕

　　规和矩作为两种最早的计量工具，它们曾作为一种有着神秘性质的图形符号存在于伏羲、女娲画像上。自汉代以来出土了大量伏羲、女娲画像石、画像砖、石窟壁画和绢帛画，这些画像上都提供了计量工具的历史记录。对伏羲、女娲神话中的画像进行探索，可以了解最早期计量工具设计的萌芽。人类最早的计量科学往往和神话传说交织在一起，神话传说反映了早期人类对宇宙、对自身的思考，它是一个民族文化的积淀。用现代严谨的科学方法，探究混杂着事实与神话的记载，剥去神秘的外衣，破译神话传说符号，可以看到它所反映的某些历史事实。事实上，一些神话传说已被考古发现所证实。神话在传播的过程中，往往因时空变化出现种种变异的现象，从而呈现不同的画像样貌，可以通过探究比较不同时期画像的异同，考察其不变的计量工具设计形制。《周易·系辞传下》中所举发明器物的人可分为三组：曰包牺，曰神农，曰黄帝、尧舜。其中首列伏羲观象制器之功，顾颉刚在《论易系辞传中观象制器的故事》一文中采用了原来流行的"圣王制器说"①。我国古代一直认为"天圆地方",伏羲、女娲在神话传说中作为创世神,一位在丈地,一位在规天。从考古资料看,我国最早计量工具规矩的使用历史应该在距今8000年左右的裴李岗文化时期,那时已经发明了制陶并有带圆孔的磨制石器,之后的仰韶文化、河姆渡文化和半坡文化都有圆形玉器出现。半坡人所建的房屋有圆形和方形两种,在杭州出土的"玉琮王"外方内圆,类似的方圆形制文物还有很多,这些都表明上古时期不仅有了很清晰的圆形和方形的概念,而且已经设计出测量长短与绘制方圆的工具。规和矩具有准确规划形状和测量长短的作用,我们祖先还以物喻意,将计量工具规矩引申到人们的行为规范。如"仪表规矩,事之制也";后来还衍生出成语"规行矩步",指人们在社会上必须按照一定的规矩行动,守法不逾矩。俗语说"没有规矩,不成方圆",在中国的远古神话里,开天辟地的创世者伏羲和女娲,分别手执规和矩,他们"规天为圆,矩地取法",制定和维护着世界的规则与秩序,这充分反映了计量历史之悠久、地位之重要。

第二节　黄帝:中国计量范畴的最早确立者

《史记·五帝本纪》开篇便说:"黄帝者,少典之子,姓公孙,名曰轩辕。""姓公孙"为伪托,"名轩辕"却是事实。为什么叫轩辕呢?皇甫谧说:"居轩辕之丘,因以为名,又以为号。"轩辕,实因"天鼋"得名,称轩辕氏。"轩辕之时,神农氏世衰。……以与炎帝战于阪泉之野,三战,然后得其志。……与蚩尤战于涿鹿之野,遂禽杀蚩尤。而诸侯咸尊轩辕为天子,代神农,是为黄帝。"②黄帝诞辰相传是农历三月初三,黄帝即

---

① 顾颉刚. 论《易·系辞传》中"观象制器"故事 [M] //胡适. 论观象制器学说书. 上海:上海古籍出版社,1982.

②《〈史记·五帝本纪〉讲稿》,李学勤著,2012年8月生活·读书·新知三联书店出版,第68-72页。

位据说是在公元前 2697 年，即位时 20 岁，据此推算黄帝出生于公元前 2717 年。相传黄帝一生下来，就显得异于常人，生下没多久，便能说话；到了 15 岁，已经无所不通了。在黄帝成为氏族首领之后，有熊氏的势力得到迅速发展，并形成一个独立的黄帝部落。黄帝部落在从姬水向东发展的过程中，继承了神农以来的农业生产经验，将原始农业发展到高度繁荣阶段，使本部落迅速发展壮大。

图 1　山东武梁祠黄帝画像

图 2　轩辕黄帝像

中国古代计量的发生，可以追溯到四五千年以前的原始社会末期。随着生产社会化程度的提高和社会组织形式的进步，人们开始提出对长度、容量、重量和时间等计量的需要。这些计量活动常以人体的某一部分、其他的天然物或植物果实作为计量标准进行计量活动，如伸掌为尺、迈步定亩、滴水计时等。据传说，氏族社会后期，氏族领袖颛顼，已通过观测尾辰推算一年的长度，其后，黄帝"设五量"，有"权衡、斗斛、尺丈、里步、十百"，简称为度、量、衡、里、数。"度、量、衡"是我国古代对长度、体积、重量计量的统称。黄帝的继承者是尧、舜，尧命羲和根据日月星辰的运动规律来制定历法，把一年定为 366 日。舜东巡时协调各部落氏族的日月和四时季节，对各部族的历法和度量衡作了协调统一。

图 3　轩辕黄帝设五量——权衡、斗斛、尺丈、里步、十百，
简称为度、量、衡、里、数

　　《史记·大戴礼记》（成书于公元前 122 年）记载，计量在黄帝时代
（公元前 2697 至公元前 2598 年）已具规模。黄帝"设五量"（五量即权
衡、斗斛、尺丈、里步、十百）。《孔子家语》卷五记载："黄帝……，治
五气，设五量，抚万民，度四方。"司马迁用"治五气，艺五种，抚万民，
度四方"[①]这句话来高度概括并赞美颂扬了黄帝的德行与功绩，即黄帝善
于通过总结自然规律来指导先民的农业生产，同时首创了各种有利于社
会发展的制度规范。《史记》又说："东至于海，登丸山，及岱宗。西至
于空桐，登鸡头。南至于江（安阳江国），登熊、湘，北逐荤粥，合符釜
山，而邑于涿鹿之阿，迁徙往来无常处……"[②]到底什么是"合符"呢？
符是玉制的圭版，本来是巫觋族长用来规、矩日暑影长度（历度）的"量
天尺"（或日影尺）。它有三种形状：第一种为上弧下平的长条形，上弧
象天穹盖天形，下平象地平；第二种为上尖锐如山峰而不平的长条形，

　　　①《〈史记·五帝本纪〉讲稿》，李学勤著，2012 年 8 月生活·读书·新知三联书店出版，第
71 页。

　　　② 同①，第 74、75 页。

上锐象大山纪历的天主，下平象地平；第三种为上下皆平的长条形，如玉斧。弧形玉圭，当作为半璧的"璜"，上形有拱弧，名"钺"，又名"规"，是专门用来画周天历度的圆圈弧线的，也正是日表圭影转一周（一天或一年）的圆圈。

黄帝使羲和占日作十月太阳历与旬日，常仪（常宜、尚宜、常羲）占月作十二月太阴历与十二辰，鬼臾区（大鸿）占星气，伶伦造律吕，大挠作六十甲子龟历周期，隶首作勾股算数，容成综合这六种天文律吕成果，作《调历》，建正为子（十二月为正月）；确立金、木、水、火、土五星所主阴阳五气五时消长递转规律；木星（岁星）十二年一周天，主春，日甲乙，青云官所主；火星（荧惑），风伯，出入无常，外理兵，内理政，主夏，日丙丁，缙云官所主；历斗之会以定填星（土星）之位，曰中央土，主季夏，日戊己，主德，女主象，十八年一周天，故居二十八宿星象之中，主雷雨，为雷精，其象天鼋大龟，因名轩辕，又名熙，黄云官所主；金星584日——周天，主秋，日庚辛，白云官所主；水星，主冬，日手癸，黑云官所主；黄帝五云官七历数术官考定星历，正闰余，各司其序，不相乱，以治日月之行，律治阴阳之气，节四时之度，正律历之数；废除建正在寅（以孟春为正月）的伏羲—炎帝—神农—蚩尤的《上元太初历》，以及少昊金天氏的《金星历》、常羲氏天櫰《水星历》等五方诸侯各自所行历法，公元前4511年实行划一的土星轩辕六十龟甲历——《调历》。易服色为黄，以示易姓受命，天元行气到位所在。从黄帝用羲和占日，常羲占月、大挠作甲子等看，黄帝力图把伏羲太昊的太阳扶桑八卦历、常羲月亮太阴历与天鼋龟甲历合在一起，制成新的黄帝历。

伟大的中华文明是在炎黄时代开始生根发芽的，首次开创的文明不仅体现在物质与精神层面，还包括制度层面。中华先民的足迹半径也在这一时代得到了扩大，彼此间的沟通与交往也日益频繁。以黄帝为首的部落在统一了当时的中原地区以后，首次让包括炎帝部落、黄帝部落以及九黎部落等几乎所有中华先民部族都得到了空前的凝聚与团结。

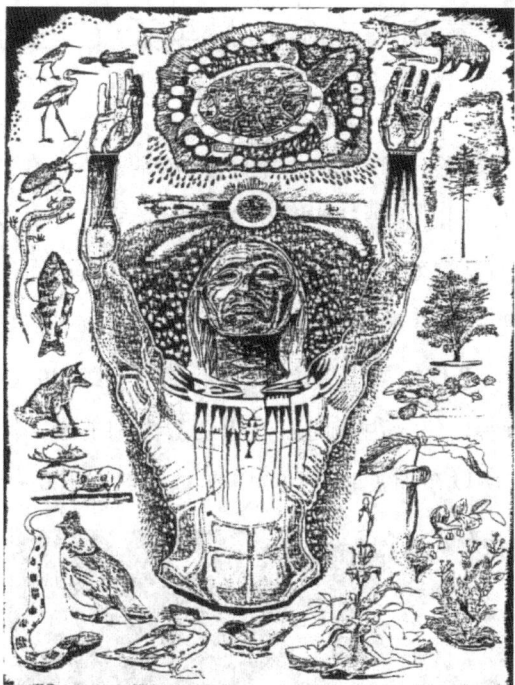

图 4 轩辕黄帝礼天祈祷丰年图

在《黄帝》一书中，作者钱穆认为轩辕黄帝是"中国有史以来第一个最为伟大的人物，是奠定中国文明的第一座基石"[①]。轩辕黄帝终其一生都坚持奋斗，不敢松懈，他的德行像大地一样深厚，在他的英明领导下，中华民族的文明开始生根发芽，并且以领先的优势长期屹立于世界民族之林。"习用干戈，以征不享"他先后与炎帝部落、蚩尤部落在阪泉、涿鹿的野外展开大战，最后以战胜者的姿态统一了中原整个华夏部落，开创了和平盛世。他仁爱百姓，成为万世敬仰的"自强"与"厚德"的楷模。黄帝设置了最早的计量范畴，他作战时使用指南车也为后世确立了空间观念。

①《钱穆作品系列·黄帝》钱穆著，生活·读书·新知三联书店出版，2012年7月版第7页。

第三节　羲和与望舒：最早天文史官的代表

　　"羲和"与"望舒"都来自于中国古代神话故事。在中国神话中"羲和"是太阳女神，同时也被认为是中国古代最早的天文学家和历法制定者，"望舒"是为月亮驾车的女神，被当作月神。《山海经·大荒南经》记载："东南海之外，甘水之间，有羲和之国。有女子名曰羲和，方日浴于甘渊，羲和者，帝俊之妻，生十日。"[①]。羲和就是传说中的太阳之母，掌握着时间的节奏，每天由东向西，驱使着太阳前进。因为有着这样不同寻常的本领，所以在上古时代，羲和又成了制定时历的人。

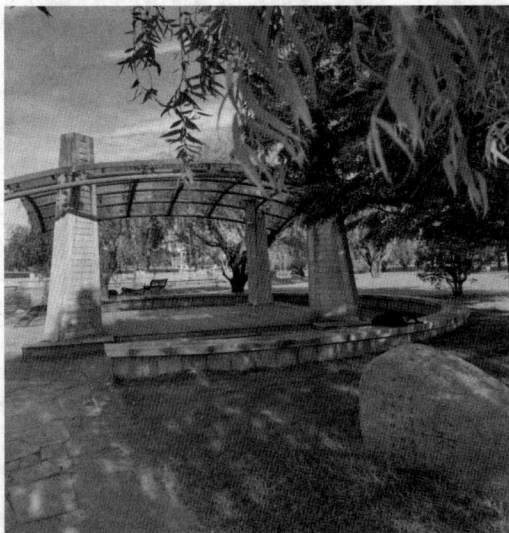

图 1　羲和亭

　　羲和是传说中国古代掌管天文历法的人，相传是黄帝时代的官员。《史记·历书》记载："黄帝考定星历。"同书《索隐》引《系本》及《律

---

① 《山海经校注（最终修订版）》袁珂校注，北京联合出版公司 2014 年出版，第 323 页。

历志》："黄帝使羲和占日，常仪占月……容成综此六术而著《调历》。"
所谓"占日"是指观测太阳、计算日子等等。在关于唐尧的传说中，羲
和是掌管天文的家族，有羲仲、羲叔、和仲、和叔四人，被尧派往东、
南、西、北四方去观测昏中星，参照物候来定二分、二至的日子，以确
定季节，安排历法。最有名的传说见于《尚书·胤征》篇。羲和是夏仲
康王的天文官。因他沉湎于酒色而荒废了天象的观测和推算，造成了意
外的惊慌。于是仲康王依据《政典》（法律）"先时者杀无赦，不及时者
杀无赦"，命胤侯征伐羲和。因为羲和是传说中掌天文的官，主张复古的
王莽在掌权后就把天文官改称羲和，著名天文学家刘歆就曾被任命担任
羲和这个官职。又因为羲和在传说中与观测太阳有关，所以在古代神话
故事中有的把羲和塑造为太阳的母亲。《山海经·大荒南经》中说：在东
南海之外有羲和国，国中有一女子叫羲和，嫁给帝俊为妻，生了十个太
阳。每天羲和在甘渊为十个太阳洗澡。而屈原在《离骚》中，则把羲和
写成驾驭太阳车的神，就像希腊神话中的赫利俄斯一样。另有《山海
经·大荒南经》郭璞注："羲和盖天地始生，主日月者也。故《（归藏）
启筮》曰'空桑之苍苍，八极之既张，乃有夫羲和，是主日月，职出入，
以为晦明。'又曰：'瞻彼上天，一明一晦，有夫羲和之子，出于旸谷。'"

图 2　阳乌图（169 cm×83 cm）

注：南阳市英庄汉墓出土。画中刻乌，圆腹表示太阳，为"阳乌"。阳乌周围饰以星宿和云气。

《山海经·大荒东经》曰："大荒之中，汤谷上有扶木。

一日方至，一日方出，皆载于乌。"

图 3　羲和擎日图（东汉前期）
（源自贺西林、郑岩主编《中国墓室壁画全集·汉魏晋南北朝（繁体竖排版）》）

对于"望舒"，许多古籍中也有记载。屈原《楚词·离骚》有载："前望舒使先驱兮，后飞廉使前属。"王逸注："望舒，月御也。"洪兴祖补注："《淮南子》曰：'月御曰望舒，亦曰纤阿。'"望舒又名"纤阿"。"纤阿"，御月者。见于《史记·司马相如列传》"阳子骖乘，纤阿为御"。集解："纤阿，月御也。"望舒也作明舒、素舒、圆舒。

"羲和""望舒"，从名字上我们就可想象是向宇宙发出的浪漫符号，是中国连接宇宙空间最友好、和谐、大气的象征。但是这里还是要提一下，按道理说，这日月相映、阴阳相伴，应该是一男一女二位神仙才对，但是根据古书中的注述，应该都是"女神"，可见上古传说其实对于很多神仙的性别是非常模糊的，比如说观音菩萨。大概越是令人神往的，越是神秘吧。

图 4　望舒亭

"羲和"在古籍中有"日母""历官""日御"三义。三者之间互有关联，反映了神话的历史化和神话自身的演变。而"日御"之义是唐代羲和神话的主流。唐人将羲和神话意象与车、轮、鞭、辔、鞅等车马意象进行融合，并将"羲和驭日"典故化用为多种诗意表达。唐诗中的"羲和"及其相关意象，既代指太阳亦代指岁时，寄寓了时间的昼夜不停和转瞬即逝。台湾省学者林雪铃认为"羲和故事隐喻表述人们对时间的感受、对时间样貌的理解。而麻姑故事则隐喻时间规律前行、变与不变等存在样貌"①。

《山海经》谓羲和为"日母"，是最初之义。由于神话"羲和"与历官"羲和"颇多的关联，又历史化为"历官"。《楚辞》中的"羲和"，亦当为"主日月、职出入"的"日母"。"羲和"三义，唐诗均有涉及。隋唐时期《淮南子》引文和今本《淮南子》对羲和神话的记载略有不同，通过对相异文本的梳理比较和对化用羲和神话的唐诗分析，可知"日御"

---

① 台湾省学者林雪铃《羲和与麻姑故事所隐喻之时间观及其文学叙写》(《中国俗文化研究》，2015 年第 2 期)。

之义是唐代羲和神话的主流。

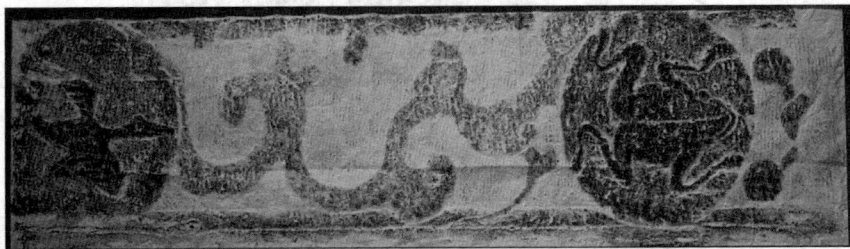

图5　日月同辉（32 cm×183 cm）收藏于南阳市汉画馆

注：南阳县出土。图左刻一日轮，内刻一金乌；图右刻一满月，内刻一蟾蜍；

月亮前三星相连，日月间有云气缭绕。

"羲和""望舒"这两个名字体现了恒星与行星之间的关系，具有美好的寓意，也象征着探索宇宙的精神。的确，我国上古神话传说中的诸多元素，如嫦娥和后羿，又如牛郎和织女，就蕴藏着祖先对浩渺宇宙的神秘向往和初期探索。从其中选择出美丽的符号来命名，再合适不过了。关于"望舒"和"羲和"的最新消息：据新华社2019年12月23日报道，中国天文学家发现的首颗太阳系外行星及其母恒星获得了富有神话色彩的名字"望舒"和"羲和"。羲和与望舒不仅与古代历法相关，与现代天文也有着关联。我们知道了她们的身世之谜，又了解到她们在当今的新身份，会对羲和与望舒有进一步的认知。

图6　望舒天文台

第四节　隶首：最早深研计数的人

　　隶首，黄帝史官，始作算数。黄帝统一部落后，先民们整天打鱼狩猎、制衣冠、造舟车，生产蒸蒸日上，物质越来越多，算账、管账成为每家每户每个人经常碰到的事。开始，只好用结绳记事，刻木为号的办法处理日常算账问题。有一次，黄帝的孙女黑英替嫘祖领到 9 张虎皮，用石头在草绳上只打了 6 个结，短少了 3 张。出出进进的实物数目越来越乱，虚报冒领的事也经常发生，黄帝为此事大为恼火。隶首于是运用智慧，用龟壳和珍珠，发明了最早的"算盘"。

图 1　隶首像

　　隶首是黄帝的一个得力助手，因为他对计数很有研究，所以被黄帝指派负责部落里的计数工作。隶首对部落里的各种事务都很熟悉，他经常一边参加劳动，一边同大家一起琢磨改进计量、记录方法的事。有时他一边结绳，一边揣摩着"结绳记数"方法的弱点。在生产和交换的反复实践中，他切切体会到：这死板板的绳结一般只能反映经济事项的静态，而不易反映经济事项的动态。只能表现比较简单的经济事项，而不易反映比较复杂的经济事项。况且，这些固定的绳结只能起记事、记数的作用，而不能起计算的作用，要进行计算还得依靠人们的双手和十指。每当想到这儿，他似乎感觉到人类双手的伟大，不自觉地将绳索丢在地上，高高地举起自己的双手。人类的双手确实是伟大的，人们用它创造了全部的文明，也靠它建立了整个会计计算、记录的基础——古老的数的概念及计数方法。早在"隶首作算数"之前，人们在识数及摸索计数方法之时，就经历了一个既艰难困苦又妙趣横生的过程。

隶首日思夜想，把一块又一块的地面画得稀烂，把一棵又一棵的树干刻划得伤痕遍体。然而，这组从"一"到"十"数码的建立，还有一些难关不能逾越。聪明的隶首听从一老者的建议后精神振奋，神色开朗，把困惑之处想通了，大有"与君一席话，胜读十年书"之感。黄帝召开了全部落的会议，通过了隶首发明的十个数码和数的运用方法，并命隶首教会部落里全体成员使用。就这样关于"隶首作算数"的故事被一代又一代地传了下来，至今还有不少的书提到他的名字。至于当时"隶首"的原始数码是什么样子，他又给那些数码各取了什么样的名称，由于史书上没有具体记载，故无法奉告读者。到我国商代甲骨文体数码出现以后，人们对于"隶首作算数"和"数生于手"的说法才有了初步的了解。后来西周时代出现了金文体数码及货币体数码，观其形体，依然可见其承袭关系。公元前二世纪筹算术发明，从此方以灵活多变的筹算法取代了比较呆板的手指计算法，随之产生了算筹体数码。隶首是劳动者中的一员，他作算数的故事反映了我国上古时代劳动者的伟大创造精神。在他之后我国历史上又出现了许许多多"隶首"式的人物，他们为中式数码的创造、为计量的发展及完善作出了巨大贡献。

第五节　大禹：中国计量制度的开创者

禹，姒姓，鲧禹以有莘氏母家夏后氏为族称，自四川茂汶迁入伊、洛、汾，凡其居地皆称夏。禹是上古时期夏后氏首领、夏朝开国君王、历史治水名人，史称大禹、帝禹、神禹。他也是黄帝的玄孙、颛顼的后代、鲧的儿子，禹的母亲为有莘氏之女修己。相传，禹治理洪水有功，接受帝舜禅让，继承部落首领。在诸侯的拥戴下，正式即位，以阳城为都城，一说以平阳为都城（或在安邑或在晋阳），国号为夏，分封丹朱（尧的儿子）于唐国，分封商均（舜的儿子）于虞国。正如王大有在《三皇五帝时代》中描述："帝禹封泰山，禅会稽，都阳城。阳城北负嵩岳，南面箕山，东有青龙山，西有白虎岭，四外岗峦盘向，中发一方形土巅，纵宽皆五六里，颖水自西北而南环抱而去。"①

图 1　大禹治水

①《三皇五帝时代·下》王大有著，中国时代经济出版社 2005 年版，第 499 页。

作为夏朝的第一位天子，后人也把大禹称为夏禹，他成为上古传说时代与伏羲、黄帝比肩的贤圣帝王。大禹最卓著的功绩，就是历来被传颂的治理滔天洪水，划定九州，奠定夏朝。禹死后，安葬于会稽山（今浙江省绍兴市），现仍存禹庙、禹陵、禹祠。从夏启开始，历代帝王大都来禹陵祭祀。

《史记·夏本纪》中记载禹"身为度，称以出"，表明当时已经以人的特征为标准进行单位的统一。大禹治水的传说在中国流传极广，传说尧在位的时候，发生了大洪水，洪水冲垮了房屋，淹没了田地，还淹死了许多人。为了解除群众的疾苦，尧帝召集众首领，共同商议治理洪水的事情。最后，大家推举一个叫鲧的人来担当这一重任，鲧治水采取的是用石块和泥土筑坝的办法。结果是坝越高，水越涨，被挡在堤坝中的洪水，犹如困在笼中的猛兽，只要突破一个缺口，便决堤而出，不可收拾。结果，鲧治水9年，无济于事。于是，尧罢免了鲧，命令鲧的儿子禹继续治理洪水。禹接受了治水的任务，采用疏导的办法：他首先了

图2　夏禹使用规矩准绳治水患

注：大禹以自己的身长、体重作为长度和重量标准，

这些传说记载在一定程度上反映了上古时代计量制的萌芽情况。

解了地形地势，寻找河源和可以泄导洪水的地方。为了查清地势，探明河道，引水下流，大禹带着一批忠诚的助手，跋山涉水、顶风冒雨，经历了无数风险，足迹遍及九州大地。大禹在治水的 13 年中，曾经三次路过家门而不入，经过艰苦劳动，终于把洪水由高处引入低处，然后导入大海。大禹征服了洪水，使人们重新过上了幸福的生活。

关于大禹治水的背景与地域，考古学、古环境学、古地理学、天文学及文献记载的综合研究成果表明：距今 4000～4200 年的一段时期，是对世界许多地区早期文明进程产生过重大影响的全球性气候异常时期。20 世纪 70 年代以来，河南的考古学者们在登封市告成镇王城岗遗址经过几十年的调查、发掘，发现了一大一小毗邻的两座城址，学界结合文献及考古资料研究认为小城时代稍早，就是史籍记载的"夏鲧作城"之处，而大城就是"禹都阳城"，并认为登封王城岗城壕底部的设计大体接近水平，增加了历史上夏禹治水的可信度。如果王城岗龙山文化晚期大城真的与禹都阳城有关，那历史上大禹治水的传说将更为可信。主持王城岗城址发掘的方燕明先生在河南大学 2018 年举办的"第一届夏文化研讨班"上指出，可以从禹都阳城——王城岗大城的修筑情况解释大禹治水的可信性。大禹治水可信并且能够成功的理由如下：其一，通过实验考古表明，由筑城的工程量、工程管理组织所反映出来的社会复杂化，显示出当时已有动员、组织等机构的存在，这是大禹治水能够成功的重要因素之一。其二，当时的生活、经济发展水平较高，较雄厚的物质基础是大禹治水能够成功的重要因素之一。其三，当时已经有了较高的技术水平，如筑城选址，对河水的认识和利用，治水过程中已经掌握较成熟的测量、施工技术。技术上的支持和保证也应该是大禹治水能够成功的重要因素之一。此外，吴文祥、葛全胜先生结合古环境学等研究认为，大禹治水能够成功主要得益于，到了距今 4000 年时期气候有明显的好转。这是大禹治水能够成功的一个大环境。考古学家苏秉琦先生认为，中原地区国家是如何起源的，从文献与考古结合观察，洪水与治水传说是至关重要的。从这个角度并结合方燕明先生通过考古视域对大禹治水成功的因素分析可以推知，大禹治水之地——禹都阳城，也直接促成了我国第一个王朝——夏朝的建立。

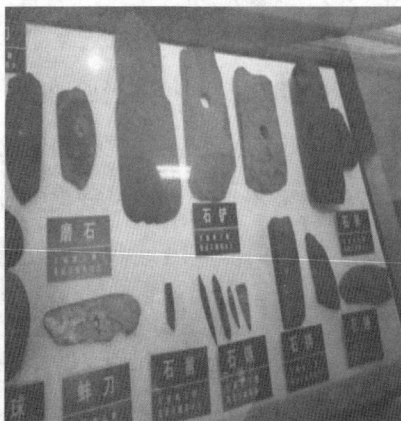

图 3　登封王城岗出土的石铲及其他生产工具

图 4　汉代武梁祠大禹治水画像石拓片

大禹统尺，开中国长度标准先河。孟子曰："度，然后知长短。"那么，如何度才能知长短呢？《孔子家语》中有"布手知尺、布指知寸，舒肘知寻"的说法。这说明我们的先辈曾用人体的某一部分或某种动作来作为计量的基准，这是计量发展的初级阶段。作为长度的基本单位，汉字中的"尺"字是比较典型的象形文字，其象形之意就是用叉开的手指去测量物体。"布手知尺"，其本意是指中等身材的男人伸开大拇指和食指，指尖之间的距离为一尺（即一拃）。而女子的手一般小于男子，古人把女人拇指指尖到食指指尖的长度叫"咫尺"。借助于人体来进行测量，其意义在于为长度测量找到了一个"基准"。然而，这样的"基准"并不牢靠。因为每个人的身高、臂长、手指长并不一样，因此存在很大的不确定性。这样，使用一个统一的尺度标准就很有必要了。

图 5　《孔子家语》布手知尺

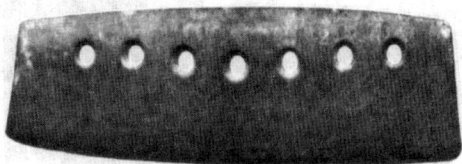

图 6　石刀孔距均匀、孔眼相当，
　　　是经过比较和测量的

　　大禹治水的故事在我国广为传颂，然而，关于大禹对我国计量的贡献还有待进一步说明。据《史记》记载，大禹授命治理洪水，改"堵"为"疏"，为此需要进行比较准确的测量。史书上记载的"左准绳，右规矩"，就反映了当时的测量情景。这里的准绳和规矩，就是两种重要的长度测量工具。然而，测量的前提条件就是建立统一的长度标准，否则测量的意义就会大打折扣。《史记·夏本纪》中说禹"身为度，称以出"，意思是说大禹以自己身体的某一部分作为长度标准，制造了统一的测量工具。这是我国历史上第一次出现具有权威性的长度标准器，并在大禹治理黄河水患过程中发挥了重要作用。有了单位和标准，并把它复制到木棍、矩尺和准绳上，就可以测量长度了。用"准"定平直、"绳"测长短、"规"画圆、"矩"画方，"矩"还可以用来定山川之高下、大地之远近。治水工程即使在不同地区也就有规矩可循了，大禹派遣人去四方勘测，"步"便成为测量大地最原始的单位，这种以步为丈量土地的单位甚至延续了几千年。怎样才算一步呢？跬步，作为长度单位则起源于走的动作。《孔丛子》说："跬，一举足也，倍跬为步。"即一条腿跨出的距离称"跬"，再把另一条腿跨出的距离称"步"。今日所称的"步"则为一举足，其实相当古代的半步。这些都说明了大禹运用各种测量方法最终达到治水的目的。禹治水有功，被舜立为继承人，于公元前 2070 年建立了第一个王朝——夏，从此治水时建立起来的度量衡便成为夏朝法定的制度了。

图7 倍跬为步

大禹治水传说在中国古史传说中和中国现代学术史上均具有十分重要的地位，在古书中有大量相关记载。古人相信大禹实有其人，大禹治水实有其事。但是，顾颉刚先生认为大禹治水只是神话，大禹并非真实的历史人物，发起现代疑古运动，并因此形成颇具特色的中国现代神话学、民俗学研究流派。自从疑古派对大禹和大禹治水传说的历史真实性进行质疑以后，该问题就一直是学术界争论的焦点，同时该问题也涉及传说的历史真实性问题。大禹治水传说广泛存在于鲁北的禹城、博山、寿光、潍坊等地，这些地方也都有与这些传说相关的历史纪念物，比如禹王亭、禹王山、禹王河、禹王庙等，有些传说和古迹可以追溯到非常久远的年代。这些传说和古迹所在地大都位于河流下游，历史上深受洪水之患，大禹治水传说之所以在这些地方发生和流传，必定有其真实的历史和地理原因。传说禹在治水过程中还根据实地勘测，划定了九州。

图8 绍兴大禹陵

　　我们的祖先创造了独具特色的计量体系，尤其是大禹积累了丰富的计量管理经验，让后人有了对计量制度上的认知，这也是大禹对计量所作出的一个独特贡献。

参考文献

［1］　邱光明等.《中国科学技术史·度量衡卷》［M］. 北京：科学出版社，2001.

［2］　王先谦. 荀子集解［M］. 北京：中华书局，1988.

［3］　许维遹. 吕氏春秋集释［M］. 北京：中华书局，2009.

［4］　阮元. 十三经注疏. 周礼注疏［M］. 北京：中华书局，1980.

［5］　李浈. 中国传统建筑木作工具［M］. 上海：同济大学出版社，2004.

［6］　丘光明. 中国历代度量衡考［M］. 北京：科学出版社 1992.

［7］　段玉裁. 说文解字注［M］. 北京：中华书局，1982.

［8］　何琳仪. 战国古文字典［M］. 北京：中华书局，1988.

［9］　湖北省文物考古研究所随州市考古队. 随州孔家坡汉墓简牍［M］. 北京：文物出版社，2006.

［10］　李守奎. 汉字学论稿［M］. 北京：人民美术出版社，2016.

［11］　李迪. 我国历史上的一种圆规［M］// 中国数学史论文集三. 济南：山东教育出版社，1987.

［12］　孔国平. 中国数学思想史［M］. 南京：南京大学出版社，2015.

［13］　罗福颐. 传世历代古尺图录［M］. 文物出版社，1957.

［14］　河南省计量局. 中国古代度量衡论文集［M］. 中州古籍出版社，1990.

［15］　袁珂. 山海经校注［M］. 北京：北京联合出版公司，2014.

［16］　龙红. 古老心灵的发掘：中国古代造物设计与神话传说研究［M］. 重庆大学出版社，2014.

［17］　李零. 中国方术正考［M］. 北京：中华书局，2006.

［18］　国家计量总局. 中国古代度量衡图集［M］. 北京：文物出版社，1984.

［19］　吴大澂. 愙斋集古录［M］. 六册. 北京：商务印书馆，1918.

［20］ 王大有. 三皇五帝时代［M］. 北京：中国时代经济出版社，2005.

［21］ 徐旭生. 中国古史的传说时代［M］. 桂林：广西师范大学出版社，2003.

［22］ 苏秉琦. 中国文明起源探析［M］. 北京：生活·读书·新知三联书店，2019.

［23］ 王怀义. 中国史前神话意向研究［M］. 北京：生活·读书·新知三联书店，
2018.

［24］ 冯立升. 中国古代测量学史［M］. 呼和浩特：内蒙古大学出版社，1995.

［25］ 裘锡圭. 长沙马王堆汉墓简帛集成［M］. 北京：中华书局 2014 年出版.

［26］ 质量·标准化. 计量百科全书［M］. 北京：中国大百科全书出版社，2001.

［27］ 贺西林，郑岩. 中国墓室壁画全集·汉魏晋南北朝：繁体竖排版［M］. 石家
庄：河北教育出版社，2011.

第二章　先秦两汉时期计量人物

商朝，度量衡已扩展应用于手工业、商业，出现了十进制精确刻度的牙尺、骨尺。到了周朝，度量衡的政治意义得到了强化，甚至成为进行统治的象征。春秋战国时期，各国诸侯纷纷在自己的领地建立起度量衡制度。《礼记》中记述："周公元年，颁度量而天下大服。"《论语》中记述："谨权量、审法度，四方之政行焉。"

夏代制定了标准的度量衡原器，并颁发于地方，作为定期检定、检查的依据。商周时期开始有计量器制和计量年、月、日的历法。据史书记载，商周时期官府设有颁行度量衡标准和管理度量衡器具的官职。商代（公元前 16 世纪—公元前 11 世纪）传世有一支骨尺、二支牙尺，商代甲骨文中有土地面积单位"田"字，采用干支记日法和"十三月"。商代历法一年分为 12 个月，每逢闰年加一个月，这又证明商代已经用闰月来调整节气和历法的关系了。这是中国设置闰月的开端，为中国传统历法奠定了基础。西周（公元前 1046 年—公元前 771 年）的青铜器铭文中，记有"锊""钧"，为重量单位的名称。周王室和领主贵族以一定量的铜作为赏赐、交换的等价物，可推测在金属货币出现以前或同时，即在殷商后期或西周早期，重量计量已经产生并得到应用。而由于称量谷物、交纳赋税的需要，容量计量会比重量计量出现得更早。据史书记载，计量昼夜时间的漏刻在西周时就已经出现了。春秋战国之交是计量发展繁荣时期，春秋战国时期的政治家、思想家都把度量衡看作权力和社会公正的象征。

《管子·七法》："尺寸也，绳墨也，规矩也，衡石也，斗斛也，谓之法。"这表明在春秋战国时期人们把颁布度量衡制作为治国方略，用度量衡的准确一致来比喻法律的公正性。春秋（公元前770年—公元前475年）、战国（公元前475年—公元前221年）之交，各国先后取消了共同耕作的"公田"，承认开垦的土地归为私有，按田亩征收田赋。一些诸侯国新兴力量的代表顺应生产力发展的要求，改革陈旧的量制，与腐朽势力相抗衡并取得成功。晋国六家世卿在各自的领地内，废除百步为亩的井田制，竞相扩大田亩面积，相对减免赋税，以取得民众的支持。齐国掌握实权的卿大夫陈氏，创立一种五进位的容量制——"家量"制，取代豆、区、釜、钟四进位的"公量"旧制，从而达到便于换算的目的。陈氏还采取"小进大出"的办法，笼络人心，使百姓纷纷依附，后来终于建立了政权。这则故事生动地说明了在当时的政治经济改革中，统治阶级是如何用所掌握的度量衡制权力巩固统治地位的。现今收集到的春秋晚期的权衡器和量器有齐国的右伯君铜权、楚国的铜环权和邹国的廪陶量，说明春秋时期一些诸侯国的量制已经建立。

战国时期（公元前475年—公元前221年）各诸侯国实行"粟米之征，布缕之征"，给公侯大夫致粟千斛万钟之禄。豪商巨贾身缠黄金万锊（古代的重量单位，二十两为一锊），结驷（古代同驾一辆车的四匹马）连骑。封建经济的发展，促进这一时期的计量技术迅速发展起来。各国有各自不同的度量衡单位制和不同的度量衡器具。为了保证国家的赋税收入，商鞅制造了标准的度量衡器。"为开阡陌封疆而赋，公元前350年，商鞅辅助秦孝公变法。"把百步为亩的"阡陌"（指田间的小路）和每一顷田的"封疆"（指疆界）统统废除，采用240步（6尺为步）为一亩、百亩为顷的大亩积制，实行百亩给一夫的授田制，确认自耕农的土地所有制，促进小农经济的发展。秦孝公 18 年（公元前 344 年），齐国派遣由卿大夫等人组成的外使团到秦国商讨包括两国度量衡统一等事项。同年，商鞅运用国家机器的力量，推行统一的度量衡制。说明当时统治者已经重视量衡制度，颁布了统一度量衡的命令。战国中晚期，随着各国间经济文化交流和战争兼并的不断进行，度量衡制渐趋划一。但由于传统习惯的影响，仍保留着地区性的单位名称，单位量值参差不一。这一时期，时间计量技术也进步很快，百刻制、十二时制等计时方式呈现出大体一致而各有差异的状况。秦始皇统一中国后，日晷、漏刻等计时仪器还普遍使用。

公元前 221 年，秦始皇统一中国后，颁布诏书统一度量衡，秦始皇二十六年诏书全文："廿六年，皇帝尽并兼天下诸侯，黔首大安，立号为皇帝。乃诏丞相状、绾，法度量则不壹歉疑者，皆明壹之"。大意是：他即位的二十六年后，兼并了各地诸侯王国，百姓得到安居乐业，自立皇帝封号。下诏书给两位大臣，务必把全国的度量衡都统一起来。诏书全文共 40 字，简要地说明了统一度量衡的历史背景和对统一的要求。"百代都行秦政法。"（毛泽东《读封建论》）秦始皇统一度量衡，经过《汉书》整理成文，代代相袭，至清朝仍被康熙、乾隆所遵从，甚至到了中华民国时期，无论是度量衡或计时制度都是秦汉古制的沿袭。秦统一度量衡的各项措施，对其后两千多年封建社会的度量衡制度，产生了极其深远的影响。秦代的单位量值，1 尺等于今天的 23.1 厘米，1 升等于今天的 200 毫升，1 斤等于今天的 253 克（1 斤等于 16 两，1 两为今 15.625 克）。

上海博物馆有一件镇馆之宝——商鞅方升，此物是商鞅变法时颁布的统一度量衡所使用的标准器。器壁三面及底部均刻铭文，左壁刻"十八年，齐率卿大夫众来聘，冬十二月乙酉，大良造鞅，爰积十六尊（寸）五分尊（寸）壹为升"。器壁与柄相对一面刻"重泉"，是战国时的地名，即方升使用地。底部是公元前 221 年秦始皇统一全国后加刻的统一度量衡诏书。《史记·秦本纪》记载，孝公"十年，卫为大良造"。方升正是商鞅任大良造八年之后督造的，统一度量衡在当时属重大事件，故在器物上刻铭记录。左侧铭文大意是：秦孝公十八年，齐国派遣由卿大夫等人组成的外交使团到秦国商讨包括有关度量衡等事项。方升自铭容积为寸，即 16.2 立方寸。经测量研究得知当时秦国一尺约合今 23.1 厘米，升约合今 200 毫升。说明早在公元前三百多年"以度审容"的科学方法已被运用，反映了我国古代劳动人民在数字运算和器械制造等方面所取得的高度成就。

秦代形成的统一的度量衡制度，在西汉得到了继承和发展。西汉竹衡杆上墨书文字记载，如果使用不合标准的称钱衡器，主人就要到乡官"里正"那里受处服役十天的惩罚西汉末年。王莽篡权之前，为作舆论上的准备，征集了当时学识渊博、通晓天文、乐律的学者百余人，考证前代制度，他让刘歆进行了对度量衡的修订工作。在这项工作中，刘歆总结了先秦以来的度量衡制度，对单位系列、进位关系、单位量值、标准器型式以及管理制度作了归纳整理，以黄钟律管的长度规定长度标准，以度审容，以秦的容重定衡重的方法，厘定度量衡三个单位量的标准，设计制造了一批度量衡标准器。他在此基础上完成的著作《审度·嘉量·衡权》被录入《汉书·律历志》，成为我国古代度量衡史上最早、最系统、最有权威的度量衡专著，标志着我国度量衡技术和管理工作的规范化、制度化。

西汉末年（公元 9 年），王莽在朝时，为改革秦、西汉的度量衡制，（委托刘歆）制作了一批度量衡标准器，其中最著名的就是新莽嘉量，今藏台北故宫博物院。新莽嘉量设计巧妙，合 5 量为一器，每一个代表一种容积单位，主体是一个大圆柱桶，桶的下部有一隔层，隔层上方是斛量，下方是斗量；左侧的小圆柱桶是升量，底在下端，右侧是一个中有隔层的小圆柱桶，隔层上方为合量，下方为龠量。斛、升、合三量开口向上，斗、龠二量开口向下。它们的进位关系是：1 斛 = 10 斗，1 斗 = 10 升，1 升 = 10 合，1 合 = 2 龠。通过对器物铭文的研究和测量，还可以得出度量衡三者的单位量值：1 尺合今 23.1 厘米，1 升合今 200 毫升，1 斤合今 226.7 克。此外，在度量衡史上，中国古代度量衡体系最终形成的时间是汉代，这一体系的完成者就是西汉末年的刘歆。

第一节　孔子：至圣先师、寄语计量

孔子（公元前 551 年—公元前 479 年），名丘，字仲尼，鲁国陬邑人（今山东曲阜）。中国春秋末期伟大的思想家、教育家、政治家，儒家学派的创始人。孔子的远祖是宋国贵族，殷王室的后裔。周武王灭殷后，封殷宗室微子启于宋。由微子经微仲衍、宋公稽、丁公申，四传至闵公共。闵公长子弗父何让国于其弟鲋祀，孔子先祖遂由诸侯家转为公卿之家。孔子六祖孔父嘉继任宋大司马。按周礼制，大夫不得祖诸侯，"五世亲尽，别为公侯"，故其后代以孔

图 1　明·仇英画孔子立像

为氏。后宋太宰华父督作乱，弑宋殇公，杀孔父嘉。其后代避难奔鲁（孔氏为鲁国人自此始），卿位始失，下降为士。孔子曾祖父孔防叔曾任鲁防邑宰，祖父伯夏的事迹无考。父亲名纥，字叔，又称叔梁纥，为一名武士，以勇力著称。叔梁纥先娶施氏，无子，其妾生男，病足，复娶颜徵在，生孔子。

众所周知，孔子是我国儒家学派创始人，但是大家可能不知道的是，孔子还当过税务官，而且干得还相当不错。《论语·尧曰》上记载："谨权量，审法度，修废官，四方之政行焉。"权量，就是指度、量、衡这些计量器具；权，就是衡称，量就是斗、合、升、斛这些量器。法度，就是现在所谓的法律制度，废官就是被废置了的官事：如有官员无职

权，或有职位而无人，还有就是被废弃的官府。"谨权量"就是在经济上厘定一些制度，让人人遵守，这样才能促进经济增长，也自然会促进社会经济发展。总之，谨慎地统一、规范度量衡等器具，审查修订各项法律制度，重新修建起各项被废置了的官事，才能使四方的政事得以通行。

孔子20岁时，经友人举荐做了鲁国大夫孟懿子的税务官，整饬当时混乱的赋税状况。当时征税是用斗量征集粮食，一些征收人员在计量器具斗上作弊，坑害佃农，中饱私囊。孔子上任后，就遇上佃农集体申请免税，借口灾荒，不肯纳税。孔子到实地调查，了解到当年风调雨顺，收成很好，只是征税人员用大斗计量征粮，引起佃农不满，佃农不愿交粮。孔子立即清除了贪赃的部属，恢复用标准斗征粮。同时孔子规定，在纳税期限之前交完税的，可减免一成；在纳税期限之内交完的，可减免半成；超过纳税期限交的，要加收一成；抗税不交的，收回土地另派他人耕种；欠税的，要先交清欠税，才能继续耕种土地。这样一来，佃农争先恐后交税，纳税期限未到，税已如数收足，而且比往年多征二成，孟懿子大加赞赏。几年税务官的实践，为孔子的税收思想形成奠定了坚实的基础。在《论语》中孔子提出："道千乘之国，敬事而信，节用而爱人，使民以时。"所谓"使民以时"，就是要求从事徭役的时间不影响农业生产，要尽量减少税收对经济发展的不良影响。孔子又提出："君子之行也，度于礼，施取其厚，事举其中，敛从其薄。"主张"薄赋敛"，并把什一之税作为"薄赋敛"的标准，这既源于公平合理负担的税收原则，又反过来指导税收实践。回眸春秋，孔子体恤人民疾苦、呼吁减轻税负，他的税收智慧为后儒所继承，成为历代儒家的税收主张。西汉王朝汉武帝之后，孔子思想成为两千年封建文化的正统，孔子的税赋主张也对历代封建政府税收政策的制定产生了巨大的影响。

世界的诸多国家，各国有各国的治国方法，但都不是空洞的说教，而是有实际内容的。其各方面的现实状况、发展状况，都是以数字为根据的，做什么事情都要心中有数。一部《论语》就有 200 个数字，税收方面占总字数的 1.5%，这些数字涉及度、量、衡各个方面。今天，衡量一个国家的财政、一个地方的发展水平、一个家庭的收支情况，都离不开数字，社会经济的增长，表现为数字的增长。今天，许多国家多有自己的度、量、衡，但又都有与公尺、公斤、公里的换算方式。有了大家公认的度量衡，才有利于经济的发展，两千多年前的孔子能看到这一点，是非常难得的。

孔子的学说不仅影响了中国几千年的发展进程，还深刻地影响着每一个中国人的思想和行为模式，成为东方人品格和心理的组成部分。以孔子为代表创立的儒家文化博大精深，构成了中华民族传统文化的主流和基础，时至今日仍在社会生活中发挥着巨大的积极作用。《论语》是记载孔子和孔门弟子言行的最可靠的材料，通过《论语》中的记载，我们也可以了解到孔子在行教过程中提到过的容量单位。例如，（子贡）曰："今之从政者何如？"子曰："噫！斗筲

图 2　唐代吴道子《先师孔子行教像》

之人，何足算也？"（《子路篇》）。子华使于齐，冉子为其母请粟。子曰："与之釜。"请益。曰："与之庾。"冉子与之粟五秉。子曰："赤之适齐也，乘肥马，衣轻裘。吾闻之也：君子周急不继富。"（《雍也篇》）。《子路篇》涉及的容量单位是斗、筲（5 升），《雍也篇》涉及的容量单位是釜（6.4 斗）、庾（2.4 斗）、秉（16 斛，或者说是 160 斗）。但是，大家要注意的是《论语》中出现的筲、釜、庾、秉等容量单位，都只是春秋战国时期

的容积单位，和秦汉以后的容积单位属于不同的度量衡体系。《雍也篇》记载的是孔子在鲁国时候的事情，却出现了齐国所独有的度量衡单位——釜，这说明孔子所处的时代齐、鲁两国的度量衡有相同之处，最起码是都有区别于齐鲁之外他国的釜。除了《论语》之外，《孔子家语》等其他典籍中也出现了跟孔子（或孔子弟子）有关计量的记载。比如，《孔子家语》上曾记载：子路见于孔子曰："负重涉远，不择地而休；家贫亲老，不择禄而仕。昔者由也事二亲之时，常食藜藿之实，为亲负米百里之外。亲殁之后，南游于楚，从车百乘，积粟万钟，累茵而坐，列鼎而食，愿欲食藜藿，为亲负米……"（《孔子家语·致思》）。其中"百里""百乘""万钟"就是长度单位和容积单位。

孔子在两千年前就用时间计量对自己的人生作了规划，比如《论语·为政》上有："吾十有五而志于学，三十而立，四十而不惑，五十而知天命，六十而耳顺，七十而从心所欲，不逾矩"。意思是说：我十五岁立志于学习，三十岁能够自立，四十岁能不被外界事物所迷惑，五十岁懂得了天命，六十岁能正确对待各种言论，不觉得不顺，七十岁能随心所欲，而不越出规矩。孔子的话道出了人的一生中青年、中年和老年时，所应有的三重境界。青年时，要完成人生的第一重境界。所谓"十五而有志于学"，就是要早立志、立大志并勤学积累，就像诸葛亮《诫子书》中所说：非学无以广才，非志无以成学。中年时，要完成人生的第二重境界。人到了四十岁，咀嚼了事态的冷暖，感怀了岁月的无情，在经历了许多疑惑、彷徨、振奋、欣喜之后，是沉思，是恍然大悟。少了激情，多了沉稳；少了冲动，多了冷静；少了烦恼，多了理智；少了放任，多了责任；少了盲从，多了自我。老年时，要完成人生的第三重境界。所谓"六十耳顺"，是到了六十岁，不管听到什么言论，遇到什么坎坷曲折，都能做到不激动，而是冷静地进行思考，使自己的情绪顺应客观环境，顺应事物规律，学会不暴躁、不气馁、不悲伤、不退缩，达到宠辱不惊、始终如一的境地。六十岁的人，经历了岁月的打磨，经历了曲折和挫折，留下的只是人生足迹，成就的却是自己丰富的阅历、涵养、修养。所谓"七十从心所欲，不逾矩"，很简单，就是顺从自己的想法，想做什么就做什么；但最重要的是后面的三个字：不逾矩——不得违反规矩。所以，在自己的不同年龄段做好自己的分内事，就是本分；本分地走过一生，就是境界。最好的人生，是平平安安地度过一生；最好的境界，就是能够看远、看宽、看淡，用时间计量做好规划，这就是人生的真谛，也是人生的觉悟。

参考文献

[1] 司马迁. 史记 [M]. 北京：中华书局，1982.

[2] 夏征农等. 辞海：缩印本 [M]. 上海：上海辞书出版社，2000：1352.

[3] 司马迁. 史记 [M]. 喀什：喀什维吾尔出版社，2002.

[4] 邴正. 国学大讲堂 [M]. 长春：吉林人民出版社，2008：79.

[5] 丘光明，邱隆，杨平. 中国科学技术史·度量衡卷 [M]. 北京：科学出版社，2001.

[6] 李学勤. 李学勤讲演录 [M]. 长春：长春出版社，2012.

[7] 方克立. 中国哲学大辞典 [M]. 北京：中国社会科学出版社，1994：508-513.

[8] 任国杰. 童子问易 [M]. 北京：人民出版社，2013：279.

[9] 鲁金华. 浅谈孔子修辞艺术与成就 [J]. 当代修辞学，2001，（6）：24-25.

[10] 邓国均. 孔门五大弟子与孔子关系析论 [D]. 杭州：浙江大学，2007.

[11] 严北溟. 怎样评价孔子 [J]. 学术月刊，1962（7）：18-21.

[12] 杨伯峻. 试论孔子 [J]. 东岳论丛，1980，（2）：91-100.

[13] 黎东方. 孔子 [M]. 北京：中国工人出版社，2010：133.

[14] 王国轩. 孔子家语 [M]. 王秀梅，译注. 北京：中华书局，2011.

[15] 郭庆藩. 庄子集释 [M]. 王孝鱼，点校. 北京：中华书局，2013.

第二节 鲁班：工匠始祖、巧设曲尺

鲁班（约公元前 507 年—公元前 444 年），大约生于周敬王十三年，卒于周贞定王二十五年，姓公输，名般。又称公输子、公输盘、班输、鲁般。因为是鲁国人（今山东曲阜，另说山东滕州），"般"和"班"同音，古时通用，故人们常称他为鲁班。鲁班生活在春秋末期到战国初期，出身于世代工匠的家庭，从小就跟随家里人参加过许多土木建筑工程劳动，逐渐掌

图 1　鲁班塑像

握了生产劳动的技能，积累了丰富的实践经验。鲁班的发明创造很多，不少古籍都有记载，很多木工使用的木工器械都是他发明的，像木工使用的曲尺（鲁班尺）、墨斗、锯子、刨子、钻子，还有磨、碾、锁等传说均是鲁班发明的。由于鲁班成就突出，建筑工匠一直把他尊为"祖师"。

曲尺又称鲁班尺，作为一种中国传统特色的度量工具，如今渐渐被忽视，然而，对于非常讲究风水的人而言，选购红木家具最好了解鲁班尺。鲁班尺，亦作"鲁般尺"，为建造房宅时所用的测量工具，类似于当今工匠所用的曲尺。它从左至右共分四排，其分别是传统的寸、鲁班尺、丁兰尺、厘米四种标尺。鲁班尺长约 42.09 厘米，经风水界加入八个字，以丈量房宅吉凶，并呼之为"门公尺"。其八个字分别是"财""病""离""义""官""劫""害""本"，在每一个字底下，又区分为四个小字，来区分吉凶意义。

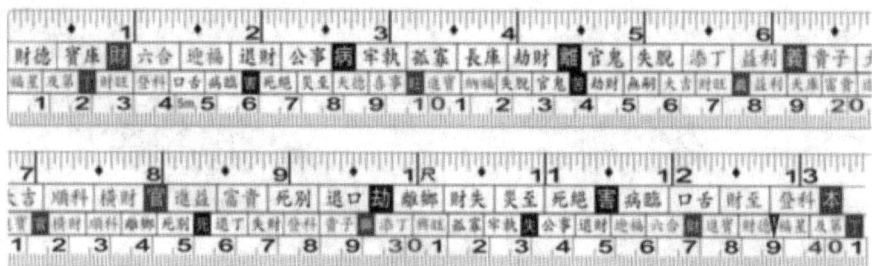

图 2　鲁班尺上的风水标尺

（1）财：吉，指钱财、才能。下面又分为：财德，指在财、德善、功德方面有表现；宝库，比喻可得或储藏珍贵物品；六合，合和美满，六合为天地四方；迎福，迎接福，福为幸福、利益。

（2）病：代表凶。指伤灾病患及不利等。下面又分为：退财，损财、破财之意；公事，多指因公家的事引发的贪污受贿及案件官司等；牢执，指牢狱之灾；孤寡，指有孤独寡居的行为。

（3）离：代表凶，指六亲离散分开。下面又分为：长库，古有监狱之说；劫财，破耗及耗损财；官鬼，指有官煞引起之事；失脱，物品失落、人离散之意。

（4）义：代表吉。指符合正义及道德规范，或有募捐行善等行为。下面又分为：添丁，古时生男孩叫添丁；益利，增加了财资利禄；贵子，日后能显贵的子嗣；大吉，吉祥吉利。

（5）官：代表吉，指有官运。下面又分为：顺科，顺利通过考试而获中；横财，意外之财；进益，收益进益；富贵，有财有势。

（6）劫：代表凶，意指遭抢夺、胁迫。下面又分为：死别，即永别；退口，指有孝服之事；离乡，背井离乡；财失，财物损失或丢失。

（7）害：代表凶，祸患之意。下面又分为：灾至，灾殃祸患到；死绝，死得干干净净；病临，疾病来临；口舌，争执、争吵。

（8）本：代表吉，事物的本位或本体。下面又分为：财至，即财到；登科，考试被录取；进宝，招财进宝；兴旺，兴盛旺盛。

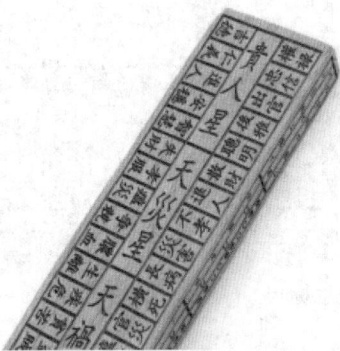

图3 鲁班尺局部　　　　　　　　图4 鲁班尺

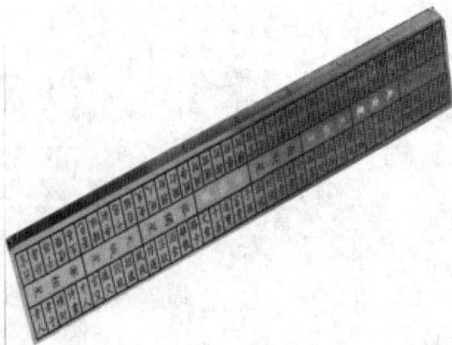

　　鲁班少年时，就开始向家人学习木匠手艺，由于他很聪明，又很勤奋好问，进步很快。他经常向父辈们寻根究底，有时使他们也难以回答。后来，他的父亲就对他说："孩子，我已经把我会的东西都教给你了，凭这些手艺，你已经可以到外面去闯一番了。这样可以开阔你的眼界，使你学到更多的东西。"于是，鲁班带上行装和工具，离开家人到外面做工去了。鲁班的高超手艺和他新奇、大胆的构想都受到同伴们的赞赏，但他并不骄傲，而是向同伴们虚心学习，取长补短，所以手艺更精湛纯熟了。据传说，除了鲁班尺他还发明了许多工具，如工匠用的锯子、刨子等。在建筑雕刻方面，他设计过桥梁，刻制过立体石质的九洲地图。他还发明了石磨，可以用钥匙打开的"锁"，可以借助风力飞上天而数日不落下来的木鸟，以及机动的木马车，等等。鲁班的发明创造在《墨子·鲁问》《墨子·公输》《战国策·公输盘为楚设机》和《淮南子》等史籍中都留有较为可信的记载。虽然关于他的故事还有很多是传说，但可以肯定，鲁班是我国古代一位很了不起的工程技术专家，是我国古代实用科技方面卓越的发明家，鲁班的名字实际上已经成为古代劳动人民勤劳智慧的象征。

　　鲁班的发明使当时和后来的工匠摆脱了大量原始繁重的体力劳动，尽管有许多成就是鲁班对众多工匠发明创造的继承和改良（发展），但他在古代土木建筑工艺方面确实不愧为杰出的大师。后来人们把鲁班当作是中国能工巧匠的代表、劳动人民智慧的化身。时至今日，我们都能听到鲁班的大名，《孟子》一书中也说："公输子之巧，不以规矩，不能成方圆。"

中国古代的传统建筑和家具非常注重鲁班尺，在尺寸方面也尽量合乎吉祥风水寓意。一般来说，古人认为八字中财、义、官、吉所在的尺寸为吉利，另外四字所在的尺寸表示不吉利。但在实际应用中，鲁班尺的八个字各有其意，如义字可安在大门上，但古人认为不宜安在廊门上；官字适宜安在官府衙门，却不宜安于一般百姓家的大门；病字不宜安在大门上，但安于厕所门反而"逢凶化吉"。《鲁班经》认为，一般百姓家安"财门"和"吉门"最好。当然，鲁班尺只是古代房屋门户家具的尺度标准，对于现代住宅来说，鲁班尺的尺寸只可以作为一种参考。门户和家具的尺寸归根结底是由人的活动需要和住宅的实际情况决定的，只要大小适中，方便实用就可以，如果能更好合乎鲁班尺的吉利尺寸则更为精妙。

鲁班出于对家人的关心，制作了一些新工具。起初，鲁班在划墨线的时候，自己拿着绳子的一头，他母亲拿着另一头，共同完成弹线工作。但鲁班不愿母亲辛劳，就在线端加一个钩子，取代母亲的工作。经过反复多次实践，鲁班发明了墨斗弯钩，这样画线时就用不两个人了。至今，墨斗

图 5　鲁班尺局部

弯钩被人们称为"班母"，意思是说它代替了鲁班的母亲。后人为纪念鲁班的孝行，将他创造出来的钩子叫"母钩"。鲁班在刨木时，起初也都是叫妻子扶住木材，但鲁班觉得妻子要料理家务，就改变工作方法，当他刨木时就在木凳上钉个木楔，顶住木料，从此不需要妻子扶住木料，后代木匠称这个木楔为"班妻"。鲁班还发明了许多木匠工具，如钻钩、铎石磨、铲锯子、规角尺、鲁班真尺（门公尺）等等。这些木匠、石匠的

工具使中国古代的建筑工艺水平大幅度提高。鲁班的过人之处远不止这些工具、技艺，更在于他在此行业中的悟道和向门徒与世人的讲道。鲁班经常对人说："不规而圆、不矩而方，此乾坤自然之像也。规以为圆、矩以为方，实人官两象之能也。"就是说天地自然并不需要用到圆规、角尺，自然就能成圆、成方，但是到了世间人的这一层面上之后，就要用圆规才能画圆，用角尺才能画方。天地万物的道理其实都已在自然之中了，而自然顺乎于道，能自成方圆，但因为人远离了道，所以才需要依照规矩才能成方圆了。可见鲁班传授人工具时心中也有无奈，因为人远离了"道"才需要工具，可见他传给人的工具还有助于人们规范自己，矫正自己偏离道的地方。

图 6　鲁班与墨斗

图 7　墨斗

鲁班还发感慨道："继之以规矩准绳，俾公私欲经营宫室，驾造舟车与置设器皿，以前民用者。"是说如果没有这些东西啊，技术就会失传了，所以他只好发明了这些工具来作为制作上的辅助。鲁班留下的《鲁班经》是记载民舍、家具、农业和手工业工具制作工艺的著作。此书以口诀形式在工匠中流传。因为古代房屋大多是木构架的，所以书中也有许多房屋建造的木工制作技巧，还有风水、符咒一类与建造有关的内容，这些内容贯穿了中国古代天人合一、阴阳五行的独特造物思想。历代土木工匠继承鲁班的教化，学徒阶段最重要的不是学会如何使用这些工具，而是从做人做起，无论做人做事都要遵守规矩，为人处世更要外圆内方，所谓待人以宽，律己以严，遵守伦常道德，不可逾越规矩。还要从修心做起，要求"心神合一""屏气凝神""物我合一"，在学成技艺后始终维持一种清净自然的心态，专注工作时忘记自我，与道相合，自然领悟"神工"。

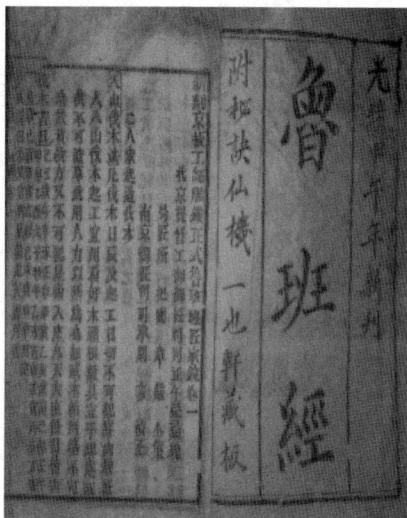

图8　《鲁班经》

图9　2019年发行的纪念鲁班邮票

　　鲁班的造诣和思想深深地影响了每一个人的生活，他传给后人的锯子、墨斗等多种工具沿用至今，所以中国历朝历代的城市、建筑、门窗、家具都"规规矩矩"。鲁班让我们每一个人住得安全、舒适，还一直在用这样的人居环境潜移默化地教导中国人做人做事的道理。他所理解的"准绳"和"规矩"概念也已经成为中华文化中道德水准的代名词，鲁班的事例告诉我们：熟能生巧、天才出于勤奋。鲁班并不是生下来就心灵手巧的，而是经过了刻苦的努力与实践，才成为一个世人所称颂的"神匠"。

图 10　鲁班尺

参考文献

[1] 董飞. 中华名人大传 [M]. 北京：线装书局，2010.

[2] 陆敬严，华觉明. 中国科学艺术史：机械卷 [M]. 北京：科学出版社，2000.

[3] 杜石然. 中国科学艺术史：通史卷 [M]. 北京：科学出版社，2003.

[4] 马松源. 巨人百传：中国卷：科技精英卷 [M]. 北京：线装书局，2009.

[5] 杨义先，钮心忻. 中国古代科学家列传 [M]. 北京：人民邮电出版社出版，2021.

[6] 叶永烈. 科学家故事 100 个 [M]. 武汉：长江文艺出版社，2017.

[7] 刘起釪，安金槐. 中国大百科：名家文库：先秦史 [M]. 北京：中国大百科全书出版社，2012.

[8] 魏代富. 先秦两汉历史传说研究 [M]. 北京：人民出版社，2019.

[9] 张若茵. 中国历史名人传精度：秦汉卷 [M]. 武汉：湖北教育出版社，2016.

第三节　石申与甘德：星表之父、天文双子先驱

石申又叫石申父、石申夫、石申甫，开封人，是战国中期魏国的天文学家、占星家，生卒年不详，大约生活在公元前 4 世纪，他的著作《天文》八卷和《浑天图》在中国和世界天文学史上都占有重要地位。《天文》八卷，是中国最早的天文著作，原书宋代之后失传，现存唐代文献引述了部分内容，其中包含 120 多颗恒星坐标位置的恒星表是目前世界上最

早的星表之一。石申还是黄赤交角值的最早测定者，并最早发现行星逆
行现象。为了纪念他的功绩，1970 年，月球背面的一座环形山被国际天
文联合会批准命名为"石申环形山"。

图 1　石申像

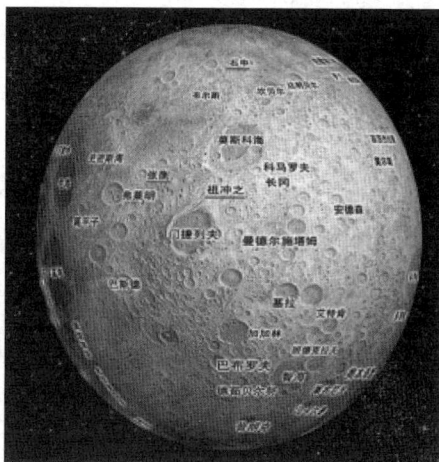

图 2　月球背面环形山

石申在圆的中心设立一个"定标"，圆周上设立一个"游标"，可以
根据需要在圆上移动。每当定标和游标以及要测量的星星三者排成一线
时，就可以从定标上测量该星的经度，从游标上测量纬度。这个仪器很
像后来出现的浑仪，石申用它测量了 120 多颗星在天空中的坐标，准确
地测定了它们的经度和纬度，再把它们和相邻的星星用假想的直线连接
起来，创造了 120 多个星宿（星座）。他把这些观测成果制成了一部《石
氏星表》，这个星表比西方最早的《托勒密星表》还早出现几百年，这本
著作在世界天文学史上占有重要地位。据南朝时代梁阮孝绪的《七录》
说，石申著《天文》八卷，这大概是石申著作的本名。大约在西汉以后
才被尊称为《石氏星经》。《史记·天官书》《汉书·天文志》等汉代史籍
中引有该书的零星片断，其内容涉及五星运动、交食和恒星等许多方面。
汉、魏以后，石氏学派续有著述。他们的书都冠有"石氏"字样，如《石
氏星经薄赞》等。《石氏星经》原著和石氏学派其他著作都已失传。不过，

在唐《开元占经》中有大量节录。其中最重要的是标有"石氏曰"的 120 多颗恒星的坐标位置（今本《开元占经》中佚失 6 个星官的记载）。计算表明，其中一部分坐标值（如：石氏中、外星官的去极度和黄道内、外度等）可能是汉代所测。另一部分（如二十八宿距度等）则确与公元前 4 世纪，即石申的时代相合（见三垣二十八宿）。自三国时代吴太史令陈卓综合石氏、甘氏、巫咸三家星官形成 283 官、1 464 星的星座体系后，一些综合三家星官的占星著作开始出现，其中有一种称为《星经》或《通占大象历星经》。这部书后来被人称为"汉甘公、石申著"。因此自宋以后又称它《甘石星经》。但该书中有唐代的地名，而且有巫咸这一家的星官。因此，它与战国、两汉时代所流传的《石氏星经》完全是两回事。

石申不但把测定的恒星准确位置编制成了星表，还绘制了一幅精美的星图，为天文观测奠定了扎实的基础。石申在这个基础上大施拳脚，取得了很多成绩。第一，石申是"黄赤交角"最早的测量者。石申利用他的观测仪器，测量了太阳在一年中的运行轨道，这个轨道叫作"黄道"（意思是"光明之路"）。经过多次测量，石申发现黄道相对于天赤道是倾斜的，他测得的倾斜角与当时的实际数据 23°44′仅仅差了 23′，可见他的观测仪器精度之高。（现在的黄赤交角为 23°26′）第二，石申首次发现了行星的"逆行"。通过观测，石申看到天空中金、木、水、火、土 5 颗行星在众多的恒星之间不停地运行，他准确地测量了行星运行的路线。这些行星在大多数的时间里，在天球上的运行方向是向东的，叫作"顺行"。但有些行星在向东运行了一段时间之后，却会转过头来向西运行，这叫作"逆行"。在"逆行"了一段时间之后，它们又会恢复"顺行"。行星就是这样周而复始地变换着运行路线的。第三，石申首次发现了"太阳黑子""日冕"和"日珥"。

我们都知道，在进行天文观测的时候，一定不要用肉眼直视太阳，即使是观看日偏食也必须用滤光片过滤阳光。但是石申在没有滤光片的古代，利用一些特殊的时间和天气用肉眼仔细观测了太阳。譬如早晨太

图 3　石申观星图

阳刚刚升出地平线，或者遇到大雾的时候。石申留下了最早的"黑子记录"，他记录道："日中有立人之像。"不仅如此，石申还发现了太阳边缘的"日冕"。日冕是太阳最外面的一层大气，很像是给太阳扣上的一顶银白色帽子，故而叫作"日冕"。石申记录道："有气青赤立在日之上，名为'冠'。"古代"冠"和"冕"是通用的，故而我们一直用到今天的"日冕"这个词，就来自石申的记录。不过，相对来说，日冕的观测难度很高，不知道他是怎样发现日冕的，会不会是在"日全食"的时候发现的呢？更奇怪的是，石申还发现了"日珥"。日珥是升腾在太阳表面的火舌状的物质，呈现出暗弱的赤红色，平时肉眼不能看到，只有使用分光仪或在日全食的时候才能看到。看来，石申一定不止一次地看到了日全食。第四，石申总结月球的运行规律。石申发现，月球在天空运行的轨道并不是规规矩矩地与黄道重合，而是有"偏离"的倾向。他记录道"月行乍南乍北"，就是说有时在黄道以南，有时在黄道以北。这一发现为后人发现月球运行的"白道"打下了基础。实际上，白道与黄道并不在一个平面上，而是有一个约 5°9′ 的倾角。他还发现月亮的运行速度并不是始终不变的，有时"月行急"，有时"月行缓"。这正是因为月亮围绕地球运行的轨道是一个椭圆，距离地球近时会快一些，远时会慢一些。第五，石申为彗星命名。石申对不定时出现的彗星进行了观测，他用"索"（绳子）"拂星"（轻轻甩动的样子）"扫星"（笤帚）和"彗星"（大扫帚）四个名词给彗星归类。后来，它们被统称为"彗星"。在两千多年前，石申仅凭着一架自制天文仪器和一双肉眼，就有了这些传于后世的天文发现，实在令人佩服。石申可谓是古代天文学的一代奇迹，他的名字能够进入"月宫"，真是实至名归！

甘德是生活在公元前三百多年齐国的天文学家，著有《天文星占》《岁星经》等书，在恒星区划和命名、行星运行与会合周期等方面有突破性的贡献。

甘德与石申的研究一脉相承，他在诸多领域取得了非常重要的成果，开了我国古代天文学的先河，促进了以观测为主的天文学在我国的诞生，对后世产生了深远的影响。甘德在石申《石氏星

图4　甘德像

表》的基础上创造了星体定位的"甘氏四七法"。所谓"四七法"，就是把天空中的恒星划分为东、南、西、北四个区域，每个区域又分为七个部分。这样就把天空分成了"二十八宿"，也就是二十八个大区域，并且甘德规定了每一星宿的"距度"（距离春分点的度数），为测量一切天体的坐标和运行的状况布下了一张"天网"，也为以后的天文观测打下了基础。甘德还在石申发现的"行星逆行"的基础上，发现了行星运行的"会合周期"。甘德也对行星运动进行了长期的观测和定量的研究。他发现了火星和金星的逆行现象，指出"去而复还为勾""再勾为巳"，把行星从顺行到逆行再到顺行的视运动轨迹十分形象地描述为"巳"字形。其中火星的亮度变化最为明显，甘德经过了多年的观测记录和精密的计算之后，得出火星的逆行平均每过587.25天就有一次，他把这种同一天象再次出现的时间称为"回归周期"。他测出的火星回归周期比实际的数值

583.9 天仅差了 3.35 天，误差仅为千分之六。他还用同样方法测得木星回归周期为 400 天（实际为 398.9 天）。更有意思的是，甘德还看到了木星的卫星。在《唐开元占经》引录甘德的论著提到木星时，有这样一句话："若有小赤星附于其侧。"这说明甘德在伽利略之前近两千年就已经用肉眼观测到木星的卫星了，他也成了第一个留下了木星卫星观测记录的天文学家。

图 5　甘德观测木星和卫星及记录

　　星表是把测量出的若干恒星的坐标（常常还连同其他的特性）加以汇编而成的，它是天文学上一种重要的工具。中国古代测编过许多星表，其中最早的一次是在战国时代，它的观测者就是石申。他著有《天文》八卷，因具有很高的价值，又被后人尊称为《石氏星经》。

　　石氏星表是古代天体测量工作的基础，因为测量日月星辰的位置和运动，都要用到其中二十八宿距度的数据。这是中国天文历法中一项重要的基本数据。石氏星表是现知世界上最古老的星表之一，石氏星表的赤道坐标有两种表达方式，一种是二十八宿距星的，叫作距度和去极度。距度就是本宿距星和下宿距星之间的赤经差；去极度就是距星赤纬的余角。还有一种是二十八宿之外的其他星，叫作入宿度和去极度。所谓入宿度就是这颗星离本宿距星的赤经差。不论哪一种方式，它的实质和现代天文学上广泛使用的赤道坐标系是一致的。而在欧洲，赤道坐标系的广泛使用却是在十六世纪开始的。

在历法方面，石申的岁星纪年法独树一帜，尤其是以 12 年为周期的冶、乱、丰、欠、水、旱等预报方法。石申岁星法的特点是不用太岁、太阴和岁阴名称，而用"摄提格"称之。摄提格是星名，在大角星附近斗杓所指的延长线上。古人用它与斗杓配合以确定季节。石申的活动年代当在公元前 4 世纪中期，当时诸子并作，云集齐国稷下，展开百家争鸣，甘德即是百家中一家代表人物。历史上将甘德与石申并提，将二人的著作合称为《甘石星经》。

《甘石星经》是古代中国天文学专著和观测记录，是世界上现存最早的天文著作之一，仅次于公元前 1800 年的巴比伦星表。它是我国，也是世界上最早的

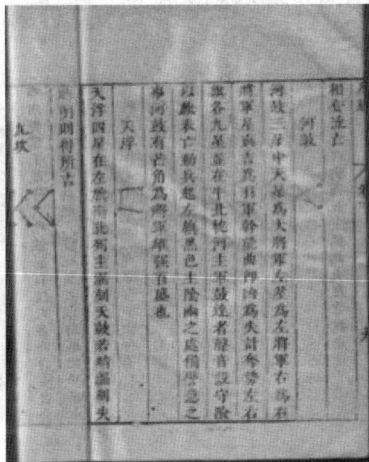

图 6 《甘石星经》刻印本

恒星表，比希腊天文学家伊巴谷测编的欧洲第一个恒星表大约早二百年，后世许多天文学家在测量日、月、行星的位置和运动时，都要用到《甘石星经》中的数据，因此《甘石星经》在我国和世界天文学史上都占有重要地位。中国是天文学发展最早的国家之一，由于农业生产和制定历法的需要，石申等人很早开始观测天象，并用其定方位、定时间、定季节。他们的观测实践为后世计量事业的发展作出了不可磨灭的贡献。

参考文献

[1] 刘起釪，安金槐. 中国大百科：名家文库：先秦史 [M]. 北京：中国大百科全书出版社，2012.

[2] 金常政. 中国大百科全书：天文学 [M]. 北京：中国大百科全书出版社，1992.

［3］崔振明. 中华五千年科学家评传［M］. 北京：中国纺织出版社，2012.

［4］董飞. 中华名人大传［M］. 北京：线装书局，2010.

［5］杜石然. 中国科学艺术史：通史卷［M］. 北京：科学出版社，2003.

［6］马松源. 巨人百传：中国卷：科技精英卷［M］. 北京：线装书局，2009.

［7］杨义先，钮心忻. 中国古代科学家列传［M］. 北京：人民邮电出版社，2021.

［8］叶永烈. 科学家故事100个［M］. 武汉：长江文艺出版社，2017.

第四节　商鞅：计量标准器设计者

商鞅（约公元前395年—公元前338年），姬姓，公孙氏，名鞅，别名卫鞅、公孙鞅、商君，卫国顿丘（今河南省安阳市内黄县梁庄镇）人。商鞅是我国战国时期著名的政治家、思想家，中国最早的计量学家。他在度量衡领域的主要贡献是为秦始皇统一度量衡奠定了重要基础。

商鞅"少好刑名之学"，专研以法治国，受李悝、吴起等人的影响很大。后为魏国宰相公叔痤家臣，公叔痤病重时对魏惠王说："公孙鞅年少有奇才，可任用为相。"又对惠王说："王既不用公孙鞅，必杀之，勿令出境。"公叔痤死后，魏惠王对公叔痤嘱托不以为意，也就没有照做。战国时期，齐、楚、燕、韩、赵、魏、秦七国争雄，秦国比较落后，秦孝公为了使秦国称霸，决心征召有才

图1　商鞅像

能的人。他在求贤诏令中说："谁能想出好办法使秦国强盛，就让他做高官，还封给他土地。"公孙鞅听说秦孝公下令在国中求贤者，欲收复秦之失地，便携同李悝的《法经》到秦国去。通过秦孝公宠臣景监，商鞅三

见秦孝公，提出了帝道、王道、霸道三种君主之策，只有霸道得到秦孝公的赞许，这也在后来成为秦国强盛的根基。公元前359年商鞅被任命为左庶长，开始变法，后升大良造。

公元前359年，正当商鞅辅佐秦孝公酝酿变法时，旧贵族代表甘龙、杜挚反对变法。他们认为利不百不变法，功不十不易器，"法古无过，循礼无邪"。

商鞅针锋相对地指出："前世不同教，何古之法？帝王不相复，何礼之循？""治世不一道，便国不法古。汤、武之王也，不循古而兴；殷夏之灭也，不易礼而亡。然则反古者未必可非，循礼者未足多是也。"从而主张"当时而立法，因事而制礼"（《商君书·更法篇》《史记·商君列传》）。这是以历史进化的思想驳斥了旧贵族所谓"法古""循礼"的复古主张，为实行变法作了舆论准备。

周显王十三年（前356年）和十九年（前350年），商鞅先后两次实行变法，变法内容为"废井田、开阡陌，实行郡县制，奖励耕战，实行连坐之法"。这时太子犯法，商鞅曰"法之不行，自上犯之"，刑其太傅公子虔与老师公孙贾。秦孝公十六年（公元前346年），太傅公子虔复犯法，商鞅施以割鼻之刑。变法日久，秦民大悦。秦国道不拾遗，山无盗贼。公元前340年，商鞅率秦赵军败魏国公子昂将军，魏割河西之地与秦，将人民迁居至大梁，此时魏惠王大怼："寡人恨不用公叔痤之言也。"卫鞅因功封于商十五邑。公元前338年，秦孝公去世，太子驷即位，即秦惠王。公子虔等人告发商鞅"欲反"，秦惠王下令逮捕商鞅。商鞅逃亡至边关，欲宿客舍，客舍主人不知他是商君，见他未带凭证，告以商君之法，留宿无凭证的客人是要治罪的。商鞅想到魏国去，但魏国因他曾生擒公子印，拒绝他入境。他回到自己的封邑商，举兵抵抗，结果失败战亡，而后被下令车裂其尸。商鞅虽然被害，但新法并未被废除，新法适应时代的发展趋势，是秦惠文王不废新法的原因。同时，商鞅变法也确立了地主以占有土地来剥削农民的生产方式，在这次变法之后，秦国的国君秦惠文王也就成了秦国最大的地主，这也是秦惠文王没有废除商鞅法令的一个重要的原因。

商鞅的计量贡献如下：

（1）土地面积计量"破井田，开阡陌"，打破"百步为亩"的"亩"计量单位制及"亩"为标准正方形的传统计量方法；确立"六尺为步""二百四十步为亩"的测量方法，标志着我国土地面积计量由标准正方形之"亩"变为任意矩形之"亩"。

（2）厘定度量衡单位制，商鞅在变法实践中推行"平斗桶权衡丈尺"之法，革新度量衡制，促进战国时期秦国的经济发展和政权巩固。

（3）制造使用度量衡标准器，商鞅在公元前 344 年监制了标准量器——商鞅铜方升，为以后制作权衡标准器提供了范本。从文物稀缺性来说，商鞅方升是目前为止商鞅变法唯一的实物例证，也是当时商鞅亲自督造的一批度量衡标准器中唯一幸存于世的。从文物的质量内涵来说，这是全世界现存最早的以度审容的计量器具，它承载的计量技术内涵，沿用至今。从文物背后传递的历史价值来说，商鞅方升不仅是一件在当时条件下极尽精准公平的量器，还是商鞅变法中的一件强国重器，更是秦国能统一六国、影响千秋万代的核心秘密。商鞅统一度量衡，不仅加快了秦国强盛的步伐，还为以后秦始皇统一全国度量衡打下了基础。商鞅方升，属战国中期的青铜器，斗呈长方形，直壁，后有长方形柄，高 2.3 厘米、通长 18.7 厘米、内口长 12.4 厘米、宽 6.9 厘米、深 2.3 厘米。其制作工艺并不复杂，既没有奇丽的纹饰，也没有神秘的图案，它仅仅是一个由几何直线组成的斗状物，但它反映的商鞅的变法理念深刻地影响了战国时期秦国对度量衡的法制管理。

（4）战国时期秦国规定了度量衡器具的允许误差，《秦律·效律》中有这样的记载："衡不正，十六两以上，赀官啬夫一甲；不盈十六两到八两，赀一盾。甬不正，二升以上赀一甲；不盈二升到一升，赀一盾。""斗不正,半升以上,赀一甲;不盈半升到少半升,赀一盾。半石不正,八两以上;钧不正,四两以上;斤不正,三朱(铢)以上;半斗不正,少半升以上;叁不正,六分升一以上:升不正,廿分升一以上;黄金衡不正,半朱以上,赀各一盾。"由此可见当时的允差范围是:容量从1升到10升(斗)允差5%,1斛(10斗)允差1%~2%;重量从1斤到120斤允差0.8%,贵金属秤量在1斤(384铢)内允差1.3‰。

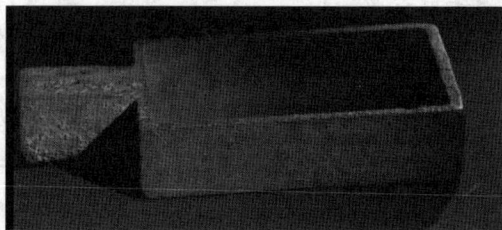

图 2　商鞅方升,上海博物馆藏

商鞅被车裂后,法家的后学者收殓商鞅的遗骨准备偷运回商鞅故里卫国安葬,在黄河德丰渡口被秦国守军截获,当地百姓与守军便将商鞅遗骨草草埋葬于附近的秦驿山之下,后来法家的后学者寻访至此为商鞅立了墓碑。上书"商君之墓"。"七国之雄,秦为首强,皆赖商鞅",这个评价是切合实际的。韩非子说商鞅"举法明教,秦人大治"。西汉桑弘羊赞商鞅"功如丘山,名传后世"。宋代王安石赋诗:"自古驱民在信诚,一言为重百金轻。今人未可非商鞅,商鞅能令政必行。"

商鞅方升,它的容量只有一升,体格不大,颜值不高,隐约可见的铭文却暗示着它并非寻常之辈。标准、统一、天下,这些关乎中国历史走向的决定性瞬间,就铭刻在它的身边。升,既是容量单位,又是测量粮食的器具。甲骨文的升字就像一把长勺里加了一粒粮食。商鞅方升,青铜铸造,呈长方形,直臂、后有短柄。在它的外侧刻有 32 字铭文,犹如一份出生证明,列出了它的诞生时间、体格大小和设计者的名字。大良造鞅就是商鞅。大良造是他主持变法时所担任的职务,是当时秦国最高的官职。战国时代,诸侯之间的战争更为惨烈,为了在残酷的竞争中生存下来，各国先后进行变法，秦国如何能在变法中后发先至？商鞅认为，首先要取信于民。他在南门外竖起一根三丈高的木头，告诉民众，谁能把木头搬到北门就给他重赏，没人敢去尝试，当他把悬赏提高到原来的五倍，终于有人把木头搬到了北门，商鞅立即兑现了承诺。商鞅使新法获得了民众的信任，统一度量衡的进程也正式开启。

　　度，用来计算长短；量，用来测定容积大小；衡，则是测量物体轻重。在当时，各国之间的度量衡各不相同，即使在一国之内，各地的度量衡也差别很大。商鞅明确规定一升的大小，并制作出一升的标准器，如此一来，同样的一升米便不会出现各地多少不均的情况。同样的一亩土地，产量的计算就不会再有差异，国家征税纳粮有了保证，源源不断的税收支撑起了秦国兼并六国的战争。

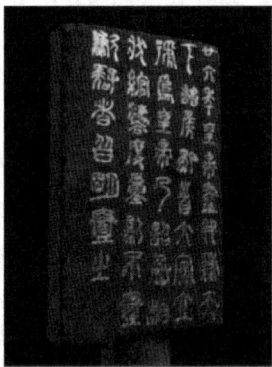

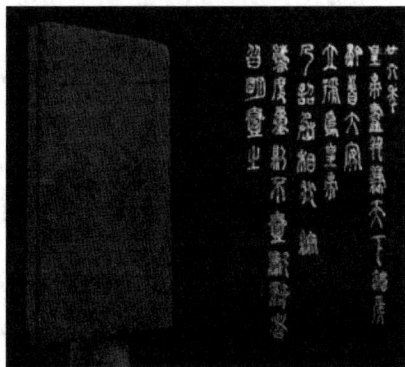

图 3　方升底部铭文　　　　　图 4　方升底部秦始皇加刻诏书

　　在器物的底部有始皇帝统一六国后，加刻在方升底部的诏书，一共40 个字。廿六年（公元前 221 年）皇帝尽并肩天下诸侯，黔首大安，立号为皇帝，乃赵丞相状、绾，法度量则不壹歉疑者，皆明壹之。大意是说：如今天下一统，人民安定，度量衡的标准从此归于一致。始皇帝的诏书与商鞅变法时刻下的文字距离不超过两厘米，时间却相隔 123 年，这意味着方升从一国的标准转变为天下的标准。在一个以农立国的国家，一个农民可以不识字、没有车，却不能不纳粮；统一的方升意味着统一的法度，也正因如此，生活在辽阔土地上的华夏先民才会对一个泱泱大国有了统一的认识。

参考文献

[1] 崔振明. 中华五千年科学家评传 [M]. 北京：中国纺织出版社，2012.

[2] 董飞. 中华名人大传 [M]. 北京：线装书局，2010.

[3] 杜石然，中国科学艺术史：通史卷 [M]. 北京：科学出版社，2003.

[4] 马松源. 巨人百传：中国卷：科技精英卷 [M]. 北京：线装书局，2009.

[5] 杨义先，钮心忻. 中国古代科学家列传 [M]. 北京：人民邮电出版社，2021.

[6] 叶永烈. 科学家故事 100 个 [M]. 武汉：长江文艺出版社，2017.

[7] 刘起釪，安金槐. 中国大百科：名家文库：先秦史 [M]. 北京：中国大百科全书出版社，2012.

[8] 杜石然. 中国古代科学家传记：上集 [M]. 北京：科学出版社，1993.

第五节　李冰：水情测量、泽被后世

李冰，生卒年不详，主要活动在大约公元前三世纪中期，今山西运城人，是战国时期的水利专家，对天文地理、水情测量等方面大有研究。秦昭襄王末年（约公元前 256—公元前 251 年）为蜀郡守，在今四川省都江堰市（原灌县）岷江出山口处主持兴建了中国早期的灌溉工程都江堰，都江堰的建造也使成都平原富庶起来。李冰千百年来一直受四川人民崇敬，被尊称为"川主"，各地还修

图 1　李冰像

有"川主祠"，以表达对他的敬仰。

据《华阳国志·蜀志》记载，李冰曾在都江堰安设石人水尺，这是中国早期的水位观测设施，他还在今宜宾、乐山境开凿滩险，疏通航道，修建文井江（今崇庆县西河）、白木江（今邓峰南河）、洛水（今石亭江）、绵水（今绵远河）等灌溉和航运工程，同时他还进行了修索桥、开盐井等工作。老百姓怀念他的功绩，建造庙宇加以纪念。北宋以后还流传着李冰之子李二郎协助李冰治水的故事。

两千多年前的战国时期，四川西部称为蜀国。那时水旱灾害连年发生，旱则赤地千里，涝则一片泽国，使老百姓家无隔夜粮，身无御寒衣。公元前 316 年，日益强盛的秦国灭掉了蜀国，改为蜀郡。秦昭王在公元前约 250 年任命李冰为蜀郡守，李冰到蜀郡后，亲眼见到当地严重的水旱灾情，又听到民众要求治水的强烈呼声，认识到治蜀必治水，因此，李冰到任不久就着手进行大规模的治水工作。李冰带领他的儿子二郎，还邀请了几位当地有经验的农民，沿着岷江跋山涉水进行实地考察、沿途走访调查。岷江是长江上游一支较大的支流，发源于四川北部的岷山，上游沿江两岸山高谷深、水流湍急。从高山急流而下的江水流到灌县附近，地势突然平坦，所挟带的大量泥沙也就淤积在这里，抬高了河床、加剧了水患。特别是在灌县城外，还有一座玉垒山，挡住了岷江水东流的去路。因此，每年当山上积雪融化和夏秋洪水泛滥，猛涨的岷江水一出岷山就像脱了缰的野马，在川西平原上漫无边际地奔腾咆哮，几尺高的浪头，就如张着血盆大口的巨兽，将大片大片的庄稼吞没，将一幢幢房屋吞没，把一群群逃脱不及的人们吞没。等大水过后，幸存下来的人们回到一片荒凉的故乡，只能挣扎着在废墟上重建家园，可是平安的日子又不能久远。当第二年洪水再来的时候，又是家破人亡、流离失所，由于岷江流域地形特殊，常常是西边涝灾，东边旱灾。东边的地势较高，灌溉用水非常困难，百姓竟是眼睁睁地望着地里的庄稼枯死。这样的灾情几乎年年发生，使这里的人们生活在痛苦的深渊中。因此，征服岷江，变水害为水利，是当时蜀郡百姓的迫切愿望。

　　李冰父子经过对岷江的水势和地形的勘察，弄清了水势和地势等情况，就制订了治理岷江的宏伟计划。李冰经过实地考察和勘测，决定先把玉垒山凿开一个缺口，使岷江的水分流一股到山的东边去，这样既可以分洪减灾，又可以引水灌田，一举两得。凿山开始了，当地民众积极参加，很远就能听到开山人们的欢声笑语和当当的凿石声，大家忙得热火朝天。但开工不久，一根根铁钎折断了、一个个铁锤打秃了。由于玉垒山的石质坚硬，凿山非常困难，工程进展极其缓慢。李冰号召大家出主意、想办法，他听取并采纳了一位石匠提出的方法：先在岩石上开一些槽，在槽中和天然的石缝里填满干草和树枝点火燃烧，然后趁热浇泼冷水，使岩石爆裂，这样开凿就省力多了。据说，当时火光映红了天空，巨石的爆响声震撼着山河，玉垒山终于被凿开了约 20 米宽的山口，山口的形状像个瓶口，人们叫它"宝瓶口"。在宝瓶口的右侧是玉垒山分离出来的一堆岩石，称作"离堆"。后人在离堆北端修建了伏龙观，传说李冰父子治水，曾制服岷江孽龙，锁于离堆下伏龙潭中，北宋初定名伏龙观。后来不断重修，自前至后逐级升高，后殿最高处为观澜亭，登临亭上可远眺索桥、色嘴及西岭雪峰。大殿内有李冰石刻雕像，现在离堆已建成了公园，到这里旅游的人络绎不绝。玉垒山开凿成功了，人们欢欣雀跃，等洪水到来时，成千上万的人跑到山顶上观望，李冰也在其中。他发现宝瓶口地势高，流入宝瓶口的水量不多，分洪的效果不理想，洪水大时西岸仍然会发生水灾，这使他很焦虑，李冰父子再次对岷江进行详细的考察和勘测，一个宏伟的筑堰方案又制定出来了。李冰父子制定的宏伟方案，就是要在距离玉垒山稍远的江心修筑一道分水堰，把岷江的水在玉垒山面前分成两股，使其中的一股进入宝瓶口。

在两千多年前，要在浪涛翻滚的江心筑起一道大堰来，谈何容易！
开始李冰父子带领民众用往江心抛石筑堰的
办法，但是石头小，水一冲即走，用大石块
投入，也被冲得东摇西晃，多次试验都没有
成功。李冰毫不灰心，继续寻找新的筑堰办
法，他带领儿子二郎和几个随行人员逆江而
上，再次走访考察。他在一条小溪边，发现
几个洗衣妇女，为了将浅浅的溪水聚深，她
们有的把衣服放在竹篮中堵住水，有的在竹
篮里放上一块竹席头，再装上石头挡住水流，
形成一个小小的"水坝"。李冰受到启发，立
刻想到竹笼装鹅卵石筑堰的方法。李冰已经
见到漫山遍野的竹子和就地可取的卵石，便

图 2　1974 年 3 月 3 日在
安澜索桥段下发现的李冰石像

马上回来发动民众砍伐竹子，请来竹工编竹笼，开始开展用竹笼装鹅卵
石在江中筑堰的试验。他发现竹笼小了是不行的，就让竹工编成长三丈
直径两尺的大竹笼，装满鹅卵石，然后一个一个地沉入江心，终于在江
心筑起了一条狭长的小岛似的分水大堰。岷江水在这里分成两条支流，
大堰西边的江水，流经原来的水道，为岷江的本流，人们称它为外江；
在大堰东边水道的水，流经宝瓶口后，再分成许多大小沟渠、河道、组
成一个纵横交错的扇形水网，灌溉成都平原的千里农田，最后通向长江
的另一条支流沱江，人们称它为内江；大堰前端伸出一个尖头，指向岷
江上游，远望好像一个大鱼头，人们取名叫它"鱼嘴"。大堰两侧垒砌了
大卵石护堤。靠内江的一侧称为"内金刚堤"，靠外江的一侧称为"外金
刚堤"。大堰筑成以后，从根本上消除了岷江流域的水旱灾害，这里的人
们都可以安居乐业了。李冰给大堰起名叫"都安堰"后来改称"都江堰"。

为了加强大堰的分洪减灾作用，李冰又指导民众在鱼嘴和离堆之间
修建了"平水槽"和"飞沙堰"。平水槽是在鱼嘴的尾部和飞沙堰之间用

以调节内、外江水量的一条水道，飞沙堰在宝瓶口对面，它是用竹笼装鹅卵石堆砌成的低堰，堰顶比堤岸低一些，高度适宜。都江堰整个水利工程是由分水鱼嘴、宝瓶口和飞沙堰三个主要工程组成的。它的规模宏大、地点适宜、布局合理、工程规划相当完善；分水鱼嘴、飞沙堰和宝瓶口联合运用，能按照灌溉防洪的需要，分配洪水季节和枯水季节的水流量。

按现代水利工程的原理看，飞沙堰有滚水坝的作用，宝瓶口有节制闸的功能，都江堰成功地运用了堰流原理，控制分水流量，这是我国历史上第一次采用中流作堰的宏伟水利工程。都江堰是把防洪与灌溉结合起来的综合性大型水利工程，李冰认为要彻底消除岷江的水患，还必须解决泥沙沉积淤塞河床的问题。于是又制定出科学的"深淘滩，低作堰"的岁修原则和岁修方法，人们称之为治水的三字经或六字诀。"深淘滩"是指淘挖淤积在江底的泥沙要淘到一定的深度，为此，李冰请石匠做石犀，埋在内、外江中，作为淘滩的深度标准，每年淘挖江底泥沙要见到石犀为止。"低作堰"是指飞沙堰的堰顶要低一些，以免泄洪不畅，后人将这六字诀刻在为纪念李冰父子而建的二王庙的石壁上，很是醒目。

李冰还集中群众智慧，采用简便易行的用码梯截水断流的方法，进行淘滩和维修堰堤。用竹索将三根大木桩绑成的三角架，把一个个码梯排列在江中，上面压上装满鹅卵石的竹笼，在迎水一面绑上竹席，再放上黏土和沙石，便成了一道临时的挡水坝挡住了水流。每年从霜降水量较小的时候开始，先在外江进水口截水断流，使外江水全部流入内江，挖出外江河道淤积的泥沙和整修堤坝。到立春季节外江岁修完工，再将挡水坝移到内江进水口，使内江水全部流入外江，然后挖出内江和灌溉渠水道里淤积的泥沙，同时进行平水槽和飞沙堰的维修工程。清明节前全部岁修完毕，而后便根据内江的需水量逐渐拆除码梯，放水灌溉。每年的清明节都要举行隆重的放水仪式，成千上万的人们聚集在江边观看放水的盛况，欢庆征服自然的胜利，同时也是表达对李冰父子修堰治水巨大贡献的感激。都江堰的建成，不仅消除了岷江流域的水患，而且方便了航运。由于水流平稳了，江上的船只可以自由航行，岷山出产的木材梓、柏和大竹就能源源不断地运出蜀郡，促进了岷山的开发和蜀地经济的发展。特别是灌溉了成都平原及周围 14 个县的农田，面积达 300 多万亩（现 800 多万亩）。彻底改变了成都平原的面貌，把原来的水旱灾区变成了"水旱从人，沃野千里"的富饶粮仓，粮食运往全国各地。人们常说："四川粮，天下尝。"其实，早在李冰时蜀郡便获得了"天府之国"的美称。

李冰父子在蜀郡除兴建都江堰外，还主持疏通了沱江、洛水、青衣江，以及修筑桥梁、开凿盐井等工程，为蜀郡人民创造了良好的生产和生活环境，深受人民的尊敬和怀念。至今，四川人民尊称李冰为"川祖"，并且在都江堰东岸修建了一座"二王庙"，里面有李冰父子的塑像，高达数米。庙的四周古木参天，林荫蔽日，已经成了游览避暑胜地，到过四川的人们几乎都要去那里游览参观，缅怀李冰父子的功绩。

都江堰虽然修建于两千多年前，可是它的规划、设计和施工方法都具有高度的科学性和创造性，在中国古代许多宏伟的水利工程中首屈一指，在世界上也是罕见的奇迹。由此，可以看出李冰是我国古代一位掌握了丰富的科学知识、以科学的态度和方法在实践中经过千辛万苦的努力而造福于人类的杰出的水利专家。

千百年来多少文人墨客赞颂都江堰，它不仅是一条美丽的风景线更是世界水利工程史上的一大奇观。《马可波罗游记》有记载："都江水系，川流甚急，川中多鱼，船舶往来甚众，运载商货，往来上下游。"

让我们走进"天府之国"四川，挖掘都江堰的计量奥秘。公元前 256 年，战国时期秦国蜀郡太守李冰率众修建了都江堰水利工程，这项工程主要由鱼嘴分水堤、飞沙堰溢洪道、宝瓶口进水口三大部分和百丈堤、人字堤等附属工程构成。都江堰工程的主要作用是引水灌溉和防洪，另外也兼具水运和城市供水的功能。鱼嘴分水堤，"鱼嘴"是都江堰的分水工程，因其形如鱼嘴而得名，位于岷江江心，把岷江分成内外二江。西边叫外江，俗称"金马河"，是岷江正流，主要用于排洪；东边沿山脚的叫内江，是人工引水渠道，主要用于灌溉。

图 3　都江堰远眺

"飞沙堰"的主要作用是当内江的水量超过宝瓶口流量上限时，令多余的水从飞沙堰自行溢出；如遇特大洪水的非常情况，它还会自行溃堤，让大量江水回归岷江正流。

宝瓶口上宽下窄，底部宽约 14 米，顶宽 28 米，高度在 18 米左右，峡口长 36 米。入水口宽 70 米，出水口宽 40～50 米。宝瓶口起"节制闸"作用。水和度量衡是密切相关的，其中水位的测量十分重要；在都江堰中就运用了最早的水则（测量水位高低的标尺）。水位尺是观测水位的标尺，是水文工作的必备工具之一。许慎于公元 100 年所著《说文解字》中说"测"字是"深所至也从水则声"。可知"测"就是从水位观测而来，后来就称水尺为"水则"。

图 4　宝瓶口

公元前 3 世纪，中国的李冰在四川都江堰引水工程中，设石人水尺观测水位，以水淹至石人身体某部位，衡量水位高低和水量大小。李冰要求"竭不至足，盛不没肩"，只有当水位在石人的足与肩之间，引水量才正好满足农业灌溉与防洪安全的要求。除了石人水则，都江堰的内江中还埋有卧铁，卧铁就是成都平原都江堰灌区用水的"度量衡"。

图 5　卧铁

在四川省都江堰的凤栖窝下方，埋藏着四根"卧铁"，现在的四根卧铁相距 1.7 米，各长 4 米，直径 0.2 米，它们被称为是都江堰的"定水神针"。

卧铁，是内江每年维修清淘河床深浅的标志。由于都江堰遵从李冰的"深淘滩，低作堰"原则，从古至今，每年枯水期都要对河道清除淤积的泥沙。那到底挖泥沙挖到多深合适呢？经过人们的经验，找出了一个合适的深度，并埋上卧铁，以后岁修就挖到卧铁为止。李冰立"三石人"观察水情消涨，在江中埋石马作为淘滩标志，开创了中国古代水情测量的先例。在现代，都江堰灌溉区又有了新的发展"量水秤"体系。都江堰灌区是我国第一大灌区，以都江堰水利工程为纽带，护农安民、润泽天府已走过了 2 200 多年。作为全国第一大灌区，都江堰灌区渠系十分复杂，包括干渠、支渠、斗渠、农渠等各种渠道，流量不同，测量方式也很难统一。

图 6　都江堰鸟瞰

都江堰建成之初，灌溉面积五六十万亩。后来逐渐伸展到 13 个县，支流和渠道有 500 多条，灌溉面积 300 多万亩。中华人民共和国成立以后，经过不断维护和修整，都江堰的灌溉面积不断扩大，超过 1 000 万亩。据《华阳国志·蜀志》记载，都江堰建成后，"水旱从人，不知饥馑。时无荒年，天下谓之'天府'也"。都江堰水利工程的建成，既解决了洪水泛滥的问题也保障了周边地区的农业灌溉，为周边农业丰收提供了有利条件。2008 年 5 月 12 日，四川的汶川地区发生了 8 级大地震，造成极为严重的损失。在震区，许多建筑物倒塌而处于震区的都江堰水利工程却没有损毁和垮塌。虽然大地震造成都江堰鱼嘴的地表出现裂缝，但鱼嘴仍在发挥将岷江分成外江、内江的分洪作用，外江一侧的水闸仍能正常开闸放水。经过专家的考察和评估，结论是整个都江堰水利工程是安全的，分水堤、宝瓶口和飞沙堰三大部分都基本完好。

水量的精准计量，是保障灌区发展的基础。为了解决灌区计量精准度不高，取水量规模难以掌握，无法精准用水调度策略等问题，启动了都江堰灌区标准化"量水秤"体系建设，因地制宜打造了 15 类标准化"量水秤"。都江堰不仅是中国古代水利工程的伟大奇迹，也是世界水利工程的璀璨明珠。它见证了中国古代早期度量衡的产生，也将目睹中国计量事业的新发展。

参考文献

[1] 董飞. 中华名人大传 [M]. 北京：线装书局，2010.

[2] 杜石然. 中国科学艺术史：通史卷 [M]. 北京：科学出版社，2003.

[3] 马松源. 巨人百传：中国卷：科技精英卷 [M]. 北京：线装书局，2009.

[4] 杨义先，钮心忻. 中国古代科学家列传 [M]. 北京：人民邮电出版社，2021.

[5] 叶永烈. 科学家故事 100 个 [M]. 武汉：长江文艺出版社，2017.

[6] 刘起釪，安金槐. 中国大百科：名家文库：先秦史 [M]. 北京：中国大百科全书出版社，2012.

[7] 金常政. 中国大百科全书：天文学 [M]. 北京：中国大百科全书出版社，1992.

[8] 崔振明. 中华五千年科学家评传 [M]. 北京：中国纺织出版社，2012.

[9] 实施四川历史名人文化传承创新工程领导小组. 四川历史名人读本 [M]. 成都：四川人民出版社，2020.

第六节　秦始皇：为度量衡立法的帝王

秦始皇（公元前 259 年—公元前 210 年），嬴姓，赵氏，名政。秦庄襄王之子，出生于赵国都城邯郸，十三岁继承王位，三十九岁称皇帝，在位三十七年。中国历史上著名的政治家、战略家、改革家，首位完成华夏大一统的铁腕政治人物。建立首个多民族的中央集权国家，采用三皇之"皇"、五帝之"帝"构成"皇帝"的称号，是古今中外第一个称皇帝的封建王朝君主。为了巩固政权，秦始皇还实行了一系列的政策，主要包括统一货币和度量衡、统一文字、车同轨等。

秦始皇统一六国后，"车同轨、书同文，统一度量衡"。颁布了 40 字的诏书，制作了大量的度量衡器具，把诏书刻在上面，分发到全国作为标准使用。

秦始皇建立了强有力的政府，他通过向全部臣民征收具有超经济强制性质的租税并且实行相当繁重的赋役，建立起帝制最基本的财政基础。秦始皇在管理措施方面下了一番功夫，完善相关的各种财政经济制度，把有关措施制度化乃至法制化。秦始皇废除六国各自实行的经济制度，建立了统一的经济制度。财政、经济管理在一定程度上法制化，是秦始皇施政的一个特点。

图 1　秦始皇像

图 2　始皇帝诏版拓片

秦朝法律还有限制商品价格、保护公平交易、禁止走私等规定。例如，秦始皇时《金布律》明文规定：除价格在一钱的商品外，出售者必须明码标价。《司空律》规定粮食价格每三十钱，劳动力价格"日居八钱，公食者日居六钱"。《法律问答》规定其他国家的商贩必须呈验经营凭证，禁止百姓与非法的外商进行交易。珠玉等贵重商品不准卖给"邦客""旅人"等其他国家的商人，破获的走私珠宝必须缴送内史，由内史酌情奖赏。

国有土地的管理。在土地管理方面，秦始皇也颇有作为，实行统一的土地度量衡制度。秦始皇三十一年（公元前216年），他下令"使黔首自实田也"。即占有土地的人自动呈报实际占有土地的数量，并缴纳赋税。这个法令承认各类土地的实际占有状况，在客观上具有推动私有土地数量不断发展的意义。秦始皇还改变各地亩制，实行二百四十方步为一亩，后来，这一亩制沿用千年而大致不变。中国古代赋税制度的性质决定了它的内容也很复杂。在战国、秦汉时期，赋税主要以"布缕之征"（注重长度）、"粟米之征"（注重容量）等方式征收，还包括其他税收。其中，国家无偿役使民众的"力役之征"的超经济强性制质尤为明显。

图3　秦两诏铜斤权

图4　秦始皇八斤铜权，重2 064克

秦始皇在经济治理方面更大政策就是统一度量衡。秦统一六国前夕，各国的度量衡在名称、计量单位和进位制上很不一致，这当然是各诸侯国长期并立的结果。"战国七雄"之中，唯有秦国早在商鞅变法时就在国内进行了统一度量衡的工作，对度量衡器的标有统一的法律规定，因此，秦始皇在统一六国之前，秦国国内度量衡制度是比较整齐划一的。之前，秦国国内度量衡在度制方面，以寸、尺、丈、引为单位，其进位制度是十进位制，十寸为一尺，十尺为一丈，十丈为一引。实测结果是：

一引等于今 2 310 厘米；

一丈等于今 231 厘米；

一尺等于今 23.1 厘米；

一寸等于今 2.31 厘米。

在量制方面以龠、合、升、斗、桶（斛）为单位，基本上是十进位制，即二龠为一合，十合为一升，十升为一斗，十斗为一桶（斛）。实测结果是：

一龠等于今 10.05 毫升；

一合等于今 20.1 毫升；

一升等于今 201 毫升；

一斗等于今 2 010 毫升；

一桶（斛）等于今 20 100 毫升。

在衡制方面，以铢、两、斤、钧、石为单位，其进位制是：

二十四铢等于一两；

十六两等于一斤；

三十斤等于一钧；

四钧等于一石。

秦始皇统一六国时，秦始皇统一度量衡的法令，是通过颁发诏书的形式，下令将秦国的度量衡制在秦帝国全境之内推行，废除六国原有的所有度量衡器。推行统一度量衡制的具体措施是，把统一度量衡的诏书全文加刻在秦统一前已有的度量衡标准器和新作的度量衡标准器的器物之上，这种方式不仅为统一度量制提供了大量的标准器而且在秦帝国内宣传了秦统一天下、整齐制度的功德。

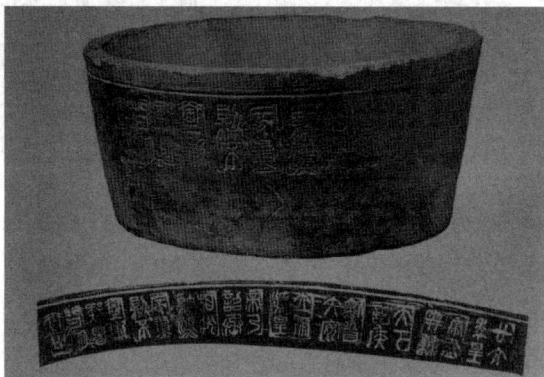

图 5　秦始皇诏陶量容 970 毫升

注：外壁印秦始皇二十六年诏书。此器为半斗量，折算一升合 194 毫升。

传世的商鞅方升、高奴禾石铜权以及近年来全国各地出土的大量秦王朝时期的度量衡标准器，都加刻有秦始皇二十六年（公元前 221 年）统一度衡制的诏书全文。秦始皇的统一度衡制，与统一文字和统一货币时对秦国原有的文字与货币进行某些整理有所不同，秦原度量衡制的整齐划一，使秦始皇在统一帝国境内的度量衡制时，以法令的形式肯定了秦国原有的制度。如果说秦始皇的统一度量衡制对商鞅的统一度量衡有什么发展的话，那便是统一的帝国在推行这一法令时，在发至全国的度量衡标准器上加刻统一度量衡器的诏书全文。大量出土文物雄辩地说明，秦始皇统一度量衡制在帝国全境内迅速而有效地得以推广实行。在陕西、山西、山东、江苏、内蒙古、辽宁等许多地方，均发现刻有秦始皇二十六年（公元前 221 年）诏书全文的度量衡标准器。

秦王朝的度量衡标准器以及秦方孔半两圆钱在内蒙古、辽宁的秦长城沿线大量出土的事实表明，秦王朝统一度量衡以及统一货币的法令，在帝国的边境地区迅速地被付诸实施，所以在秦帝国内地的实施情况，

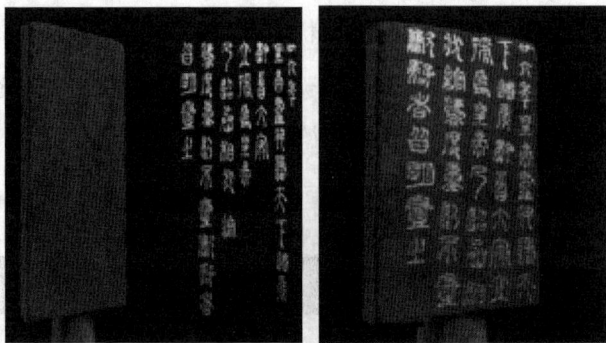

图 6、7　加刻于商鞅方升底部的统一度量衡的诏书

更是可想而知了。《考古图》曾记载当时秦朝铜权，"权各有二寸，径寸有九分，容合重六两"。传世的商鞅方升于秦孝公十八年（公元前 344 年）铸造并颁发给重泉（今陕西省蒲城县）作为标准量器。调回咸阳检定，刻上新的诏令，颁发给秦始皇统一度量衡时，又作为标准量器。在阿房宫遗址出土的铜质的高奴禾石权是在秦昭王时的器物，秦始皇把它调回咸阳检期铸造并刻上诏令后，发还给高奴。

图 8　高奴禾石铜权，秦在战国时期制造

注：秦始皇统一全国后，对该权进行了重新检测，并加刻了统一度量衡的诏书。秦二世继位后，再
　　次颁布诏书，亦刻于该权上，反映了从战国时期秦国至秦王朝一直保持着统一的度量衡制度

秦始皇还以法律形式保证统一的度量衡标准。云梦秦简《效律》规定："衡石不正，十六两以上，赀官啬夫一甲；不盈十六两到八两，赀一盾。"

其他桶不正、斗不正、升不正、斤不正等，凡误差超过一定限度都要受到法律的惩罚。秦始皇及其群臣认为，"古之五帝三王，知教不同，法度不明，假威鬼神，以欺远方，实不称名，故不久长"。因此，统一天下，秦始皇不仅以古代王制为范本，定制立法，而且还汇集、整理、修订战国以来历经改革的各种制度、法规，创立出新制度，编纂出新的法典。

秦始皇是一位重视立法定制的皇帝，他集先秦法学理论和法制实践之大成，在"天下大定"之后，以法为本，逐步建立"法令由一统"的制度。李斯也称赞"明法度，定律皆从始皇起"。秦始皇进一步完善法制与经济、文化制度。有关的法律规定涉及社会诸多方面、体系比较完备，从残存的云梦秦简所保存的具体律条及其他历史文献的概要记载来看，秦朝重要制度和重要事务都有法可依，许多日常事务也有专门的立法和具体的法律规范。

图 9　秦量

图 10　秦代铜权，权身刻秦始皇及秦二世诏书

注：重 7 602 克，为秦时一钧（30 斤）。秦二世诏书全文七十九字。相传均由秦相李斯以秦统一六国后通行的秦文（秦篆体）篆写而成。

秦始皇不仅是一位讲究变法的皇帝，更是一位善于依法施治的皇帝。为了使秦朝政治"合五德之数"，他"刚毅戾深，事皆决于法"。为了贯彻法制，秦始皇建立了以法吏为基干的官僚体系。与历代王朝相比较，秦朝的法制体系很有特色，这些法制也促进了我国古代度量衡的发展。

图 11　秦始皇诏铜椭量容 490 毫升

注：刻秦始皇二十六年诏书 11 行。此器容二升半，即四分之一斗量，

折算一升合 198 毫升。

参考文献

[1]　魏代富. 先秦两汉历史传说研究 [M]. 北京：人民出版社，2019.

[2]　董晓明. 秦始皇传 [M]. 北京：煤炭工业出版社，2018.

[3]　张若茵. 中国历史名人传精度：秦汉卷 [M]. 武汉：湖北教育出版社，2016.

[4]　董飞. 中华名人大传 [M]. 北京：线装书局，2010.

[5]　刘起釪，安金槐. 中国大百科：名家文库：先秦史 [M]. 北京：中国大百科全书出版社，2012.

[6]　邱光明等. 中国科学技术史：度量衡卷 [M]. 北京：科学出版社，2001.

[7]　王先谦. 荀子集解 [M]. 北京：中华书局，1988.

[8]　许维遹. 吕氏春秋集释 [M]. 北京：中华书局，2009.

[9]　阮元. 十三经注疏. 周礼注疏 [M]. 北京：中华书局，1980.

[10]　李浈. 中国传统建筑木作工具 [M]. 上海：同济大学出版社，2004.

[11]　丘光明. 中国历代度量衡考 [M]. 北京：科学出版社，1992.

第七节　落下闳：恒定春节、万民祈福

落下闳（公元前 156 年—公元前 87 年），复姓落下，名闳，字长公，西汉时期天文学家，巴郡阆中（今四川阆中）人，活动在公元前 100 年前后。落下闳年少时，就醉心于天象观察，后在家乡小有名气。汉武帝元封年间（公元前 110 年—公元前 104 年）为了改革历法，征聘天文学家，经同乡谯隆推荐，落下闳由故乡来到京城长安（今陕西西安）。他作为西汉时期天文历算学家，提出浑天说，创制了中国古代最重要的天文仪器——浑仪，并用它测量二十八宿星度，为制定历法提供了必要的数据。落下闳又完善了浑天说，奠定了我国古代先进的宇宙结构理论基础，创新中国古代"宇宙起源"学说，发明"通其率"，影响了中国天文数学 2000 年。落下闳于汉武帝时应征参与太初改历，制定中国现存最早的完整历法《太初历》，决定性地影响了中国的历法结构；推算二十四节气入历，确立正月为岁首，被称为"春节老人"。

落下闳在天文学上承前启后，对于推动中国天文学的发展，起到了重要作用。英国李约瑟博士在《中国科学技术史》一书中盛赞落下闳是世界天文学领域一颗"灿烂的星座"。并且把落下闳所处的时代的东西方天文成就作了一个比较，共列成了十大成就，其中落下闳的成

图 1　落下闳像

就有三个。落下闳虽然已经逝世两千多年了，但"落下闳星"却永远闪耀在茫茫太空。

图 2　落下闳四川阆中故宅

图 3　二十四节气表

落下闳在计量方面主要成就：首先，制造观测星象的浑仪。落下闳在家乡阆中蟠龙山建立了我国最早的民间观星台，改制了观测仪器浑仪。落下闳创制的浑仪（包括浑天仪和浑天象），形象地展示了宇宙模型。经他改进的赤道式浑天仪，在中国用了两千年。近代天文学史家朱文鑫说："自汉落下闳作浑天仪，始立仪象之权舆。"后来的天文历法家如贾逵、张衡、祖冲之等人的天文研究则是在落下闳的基础上加以改进和发展的。其次，他是浑天说创始人之一。通过长期观测和科学运算，落下闳用事实论证了浑天说理论和天体运行规律，完善了古代天文学说浑天说，有力否定了盖天说，奠定了我国古代先进的宇宙结构理论基础。他测定的二十八宿赤道距度（赤经差），一直用到唐开元十三年（公元 725 年）。落下闳第一次提出交食周期，以 135 个月为"朔望之会"，即认为 11 年应发生 23 次日食。最后，创制《太初历》。《太初历》是我国历史上第一部有完整文字记载的历法，在历史上有着极其重要的地位。落下闳知道

《太初历》存在缺点：所用回归年数值（356.250 2 日）太大，他有预见地指出"后八百年，此历差一日，当有圣人定之"。（事实上，每 125 年即差一日，到公元 85 年就实行改历）

图 4　落下闳与浑仪

西汉建立初始，仍沿用秦代历法，即颛顼历。至汉武帝元封年间，历法历经 100 余年，误差积累已很明显，出现朔晦实际月象超前历谱的现象。另外，按当时的推算，元封七年（公元前 104 年）十一月甲子日的夜半，恰逢合朔和冬至，合乎历元要求。于是，太史令司马迁等人上书建议改历，汉武帝同意，并下诏广泛征聘民间天文学家。落下闳在同乡谯隆的推荐下，从四川来到京城长安（今陕西西安）参加改历工作。在改历过程中，曾发生激烈的争论。民间天文学家落下闳与邓平和唐都等 20 多人以及官方的公孙卿、壶遂和司马迁都各有方案，相持不下，最后形成了 18 家不同的历法。经过仔细对照比较，汉武帝认为落下闳与邓平的历法优于其他 17 家，遂予采用，于元封七年颁行，并改元封七年为太初元年，因而新历又称为《太初历》。《太初历》在行用后，受到包括司马迁、张寿王等人的反对，张寿王甚至提议改回到殷历。然而孰优孰劣，还要以实测为准。为此，朝廷组织了一次为期 3 年的天文观测，同时校验《太初历》和之前古历法的数据，结果表明，《太初历》更为符合天象。从此《太初历》便站稳了脚跟，而且一直使用了将近 200 年（公元前 104 年—公元 84 年）。为了表彰落下闳的功绩，汉武帝特授他以侍中之职，落下闳却坚辞不受，邓平则被任命为太史丞。《太初历》使用十九年七闰的置闰法，取 29 + 43/81 日为一朔望月，由于分母为 81，所以《太初历》又称八十一分律历。它在很多方面超越颛顼历，归纳起来主要有：第一，与农业生产结合。《太初历》采用夏正，以寅月为岁首，与春种、秋收、夏忙、冬闲的农业节奏合拍。第二，《太初历》规定以无中气之月为闰月。在二十四节气中，位于偶数者，即冬至、大寒、雨水、春分、谷雨、小满、夏至、大暑、处暑、秋分、霜降、小雪，叫作中气。凡阴历月中没有遇到中气的，其后应补闰月，这种方法显然要比以前的年终置闰法更为合理。落下闳创制的浑仪（包括浑天仪和浑天象），形象地展示了宇宙模型。他通过长期观测和科学运算，用事实论证了浑天说理论和天体运行规律。汉代大文学家、天文学家杨雄的论述、《史记》、《旧唐书》等记载，都证明是落下闳创造了浑仪。落下闳另外一个重大成就是通其率。就是在数学方面，他发明"连分数（辗转相除）求渐进分数"的方法，定名"通其率"，现代学者称之为"落下闳算法"。"落下闳算法"比采用类似方法的印度数学家爱雅哈塔早 600 年，比提出连分数理论的意大利数学家朋柏里早 1600 年，它影响中国天文数学 2000 年。他发明的"通其率"算法，用辗转相除法求渐近分数，为历法计算提供了有力的支持。应用辗转相除法求渐近分数，与应用连分数法求渐近分数在计算程序是一致的。在《汉书·律历志》中称"闳运算转历"，可见《太初历》的数学运算是由落下闳承担的，包括日法 81 的计算、"上元积年"的计算、"太极上元"的计算等等。吕子方研究得出，日法 81 的计算是来自于连分数求出渐近分数。日本学者新城新藏在《东洋天文学史》第八编第六节"三统上元与超辰法"中，提出落下闳是通过求解不定方程，计算"上元积年"。李文林、袁向东提出，有可能"上元积年"是作为一次同余式求解。吕子方提出"太极上元"的计算，落下闳也是应用的连分数求出渐近分数。数学家何鲁为吕子方《〈三统历〉历意及其数源》一文作序时写道："'通其率'三字即有求连分数意。率者，比率。通，谓可通用者，其数甚多，取其适者或密近者，可也。"中国数学史界经过20世纪后半叶约半个世纪的探索讨论，已认定："通其率"算法不仅是天文学家简化分数数据的重要方法，亦是处理周期现象中一次同余问题的有力工具。"落下闳算法"的在主要程序方面，即通过辗转相除求出一系列渐近分数，可以解决多种数学问题。

中国古代历法计算中的"强弱术""调日法""求一术"等等，都源于"落下闳算法"。从现代数学和观点看，"落下闳算法"可以实现用"有理数逼近实数"，以及"最佳逼近"等，是具有普遍意义的数学方法。落下闳在实测的基础上，考订历代重大的天文数据，改革了不合理的岁首制度，改定为从孟春正月为岁首，即《太初历》一年的开始，依照春、夏、秋、冬顺序，至冬季阴历十二月底为岁终，使农事与四季的顺序相吻合，从而顺应农业生产发展。其次，改革了置闰方法，使节令、物候与月份安排得更为准确。《太初历》采用岁首和科学的置闰法，中国的阴历一直沿用至今。落下闳通过天文数据的测定，在天文学史上首次准确推算出135月的日、月食周期，即"朔望之会"，认为135个朔望月中，至少有23次日食，根据这个周期，人类可以对日、月食进行预报，并可校正阴历朔望。因此，确立孟春正月为岁首的历日制度是落下闳又一伟大功绩。落下闳确立正月为岁首后，人们将正月初一称为"新年"，民间习称"过年"，民间也就有了"春节"的说法并一直沿用至今。

落下闳第一次将二十四节气纳入历法，此一作法，奠定了春节的基础，同时也是惠及千秋万代的创举。二十四节气是中国古代农业学的一大独特的创造，完整记载于《淮南子·天文训》（公元前 140 年左右），几千年来对中国的农牧业生产和人民生活起了极为重要的作用。落下闳的贡献是将二十四节气首次编入《太初历》之中，并规定节气（即立春、惊蛰等，二十四节气中是奇数项的气）可以在上月的下半月或本月的上半月出现；而中气（即雨水、春分、谷雨等，二十四节气中是偶数项的气）一定要在本月出现，如果遇到没有中气的月份，可以定为上月的闰月。这种置闰原则一直沿用一千多年。北齐（公元 550 年—公元 577 年）张子信发现太阳视运动不均匀现象。现在知道因为地球公转轨道是椭圆，所以节气间隔的字排也应是不均匀的，这称为定气。直到清朝才开始在历法中使用定气，从而对"落下闳置闰法"作了改进：即在农历中除 11 月（冬月）、12 月（腊月）和 1 月（正月）这三个月之外，其外，其余 9 个月仍采用落下闳制订的"以无中气月置闰"的方法。落下闳制定 11 月，以正月为岁首，以没有中气的月份为闰月，以 135 个月为交食周期。这些特点都是开创性的，有些已成为传统，至今仍在发挥功能。落下闳的贡献在农业中、生活中发挥直接的指导作用。《太初历》颁行之后，汉武帝封落下闳为侍中（顾问），他辞而不受，回到阆中继续研究天文，并将他的渊博知识传给后代。在他的巨大影响下，汉唐时期的阆中成为我国古代著名的天文研究中心，人才荟萃，群星灿烂。西汉末，阆中出现了著名天文学家任文孙、任文公父子。三国时期的周舒、周群、周巨，祖孙三代天文学家，现今周氏祖孙住宅所在街道被命名为"管星街"。唐代天文学家、风水大师袁天罡、李淳风，定居阆中研究天文、数学，后终老于阆中。早在唐代就有天宫院、淳风寺的纪念性建筑，并有袁天罡墓、李淳风墓，现在这些地方成为阆中风水文化旅游的体验地。从联合国教科文组织的纪念会，到国际天文组织以他的名字命名小行星，以及各类辞书、典籍、方志的记载，各类报刊杂志和影视作品的宣传，人们以各种方式纪念落下闳这位世界杰出科学家、天文学家。阆中人民更是万分珍惜他给家乡带来的荣誉，以建观星楼、命名七里新区"长公大道"、复建"星座苑"、创办"春节老人"网站、发行落下闳纪念章等形式纪念他，把他作为永远学习的榜样，通过这些方式让这位伟人永远在我们心中闪光。

参考文献

[1]　席宗泽. 中国大百科全书：天文学 [M]. 北京：中国大百科全书出版社，1980.

[2]　实施四川历史名人文化传承创新工程领导小组. 四川历史名人读本 [M]. 成都：四川人民出版社，2020.

[3]　查有梁. 落下闳研究文选 [M]. 成都：四川人民出版社，2020.

[4]　魏代富. 先秦两汉历史传说研究 [M]. 北京：人民出版社，2019.

[5]　张若茵. 中国历史名人传精度：秦汉卷 [M]. 武汉：湖北教育出版社，2016.

[6]　叶永烈. 科学家故事100个 [M]. 武汉：长江文艺出版社，2017.

[7]　刘起釪，安金槐. 中国大百科：名家文库：先秦史 [M]. 北京：中国大百科全书出版社，2012.

[8]　金常政. 中国大百科全书·天文学 [M]. 北京：中国大百科全书出版社，1992.

[9]　崔振明. 中华五千年科学家评传 [M]. 北京：中国纺织出版社，2012.

[10]　董飞. 中华名人大传 [M]. 北京：线装书局，2010.

[11]　杜石然. 中国科学艺术史：通史卷 [M]. 北京：科学出版社，2003.

[12]　马松源. 巨人百传：中国卷：科技精英卷. [M]. 北京：线装书局，2009.

[13]　杨义先，钮心忻. 中国古代科学家列传 [M]. 北京：人民邮电出版社，2021.

第八节　刘歆：古代度量衡体系完善者

刘歆（约公元前50年—公元23年），字子骏，后改名刘秀。西汉宗室、经学家，楚元王刘交五世孙，名儒刘向的儿子。刘歆是成就"律历度量衡"单位制和单位量值导出体系的古代计量专家，古文经学的继承者，曾与父亲刘向编订《山海经》。他不仅在儒学上很有造诣，而且在校勘学、天文历法学、史学、诗学等方面都堪称大家，他编制的《三统历谱》被认为是世界上最早的天文年历的雏形。他在圆周率的计算上也有贡献，并定该重要常数为 3.154 71，世有"刘歆率"之称。他在王莽统治时期主持考证了前朝度量衡制。他采用以音律校验黄钟律管的长度来"累黍定尺""积黍定容""容黍定重"，进而厘定度量衡的三个单位量标准，

图 1 刘歆像

并总结归纳整理成"审度""嘉量""权衡"等一套系统的古代度量衡理论体系。刘歆不仅提出了一系列的度量衡制度，确立了度量衡，还制作了一批度量衡标准器。

汉成帝时，刘歆以通《诗》《书》，能属文而被召为黄门郎。河平元年（公元前 28 年），奉命与父刘向领校秘书，讲六艺传记，举凡诸子、诗赋、数术、方技无所不究，后为中垒校尉。汉哀帝初，大司马王莽推荐他为侍中太中大夫，迁骑都尉，奉车光禄大夫，又领校《五经》，完成父亲未竟事业，总群书而类别为《七略》。建平元年（公元前 6 年）建议立《周礼》《左传》《毛诗》《古文尚书》等古文经于学官。遭文学博士反对，因移书太常博士责之，语甚激切。由此触犯执政大臣，出为河内太守。后历任五原、涿郡太守、安定属国都尉。汉平帝时，王莽执政，征入为右曹太中大夫，迁中垒校尉、羲和、京兆尹，封红休侯。使治明堂、辟雍，典儒林史卜之官，考定律历。又与甄丰、王舜等称颂王莽功德，议立安汉、宰衡之号。王莽代汉，拜刘歆为国师，封嘉新公，后谋诛王莽，事泄自杀。刘歆作为西汉一代出色的古文经学大师，为了设计、制造新莽铜嘉量，呕心沥血，翻遍了各种古籍经典。一天他特别兴奋，因为他在《周礼·冬官·考工记》中找到了一件古代的量器——栗氏量。

书中说：器主体是一𪔓量，𪔓量倒转过来是一豆量，左右各有一耳，为升量。𪔓量深一尺，内方尺再作外接圆，底部的豆量深一寸，两侧的耳各深三寸，容一升。全器重一钧。在度量衡史上，中国古代度量衡体系最终形成的时间是汉代，这一体系的完成者就是西汉末年的刘歆。

图 2　刘歆乐律累黍图

刘歆是世界上第一个发现并确定圆周率的人，他比祖冲之早五百年，他是第一个放弃自古沿用的"周三径一"圆周计算方法，把圆周率确定为 3.154 71，比后来祖冲之计算的圆周率只差 0.013 12。刘歆发明的圆周率记录在他著的《移书太常博士》一书中，世称"刘歆率"。后来的数学家，都是在"刘歆率"的基础上，对圆周率进行精准计算，人们再计算圆周，都不再使用"周三径一"，而用圆周率，此法一直沿用至今。

刘歆任天文官时，做了一项很重要的天文工作，这就是编制了三统历，他对天文学的贡献都记载在三统历之中。三统历是根据《太初历》改编的，其中加入了许多新的内容。太初历是汉初天文学家落下闳、邓平等人编制的，从太初元年（公元前 104 年）一直使用到西汉末。刘歆系统地叙述了太初历的内容，又补充了很多原来简略的天文学知识，并仔细分析考证了上古以来的天文文献和天文记录，写成

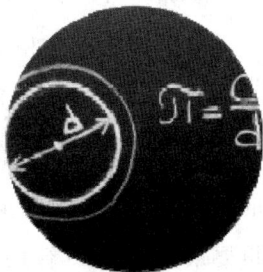

图 3　圆周率计算方法

了《三统历谱》。在中国天文学史上，刘歆首次提出了"岁星超辰"的计算方法。岁星就是木星，"岁星超辰"即木星在恒星背景上约每 11.86 年自西向东运行一周。由于 11.86 年与 12 年很接近，我国古代就认为它是 12 年一周天，因此把周天分为 12 分，称为 12 次，认为木星每年行经一次，12 年正好运行 12 次，完成一周天。由于 11.86 年的周期较 12 年要快一点儿，因此经过若干年后，岁星的实际位置就较按 12 年一周天计算的位置超前一次，这就叫"岁星超辰"。设岁星经过 X 年超辰一次，按 12 年一周天计，岁星运行了 X 次；按照 11.86 年一周天计，岁星运行了 12X/11.86 − 1，列成方程：X = (12X/11.86) − 1，解这个方程，X = 84.71，就是说，岁星每 84 年到 85 年超辰一次。刘歆还是中国古代第一个提出接近正确的交食周期的天文学家。交食包括日食和月食。交食周期的最早记载，是在司马迁的《史记》中，但由于可能是某些数字的错乱，在刘歆所处的年代很难确定它的周期值。刘歆坚信日月食都是有规律可循的自然现象，他通过分析各种书上的月食记载，提出了 135 个朔望月有 23 次交食的交食周期值。刘歆所著《三统历》后收入《汉书·律历志》，其中，《审度·嘉量·权衡》篇为中国最早的度量衡专著，汇集先秦至秦汉度量衡器制，归纳出五度、五量、五权之制，理清了度量衡单位系列和进位关系。刘歆采用音律管和累黍互为参照的方法定义出度量衡三个单位量的标准量值，并对度量衡标准器的设计原理和制造方法以及度量衡行政管理等进行了论述，奠定了中国古代度量衡研究的基础。

新莽嘉量又称刘歆铜斛，是王莽进行度量衡改革时颁行的标准器之一，它由刘歆设计和主持制作，现藏于台北故宫博物院，它是公元 9 年制作的集"龠、合、升、斗、斛"五量合一的铜质标准器。新莽嘉量设计巧妙，合五量为一器；刻铭详尽，记有每一分量器的径、深、底面积的具体尺寸和容积；计算精确，制作精湛。非但如此，它还有一定的重量要求，《汉书·律历志》就有"其重二钧"的记录。这样，由一器即可得到度、量、衡三者的单位量值。度量衡三者通过新莽嘉量实现了统一，正因为这样，历代都极为珍重，视为国之瑰宝。

图 4　计量博物馆藏新莽嘉量仿品

　　新莽嘉量为后代提供了可信的汉代度量衡单位量制的实物。历代对其皆有研究，三国魏时数学家刘徽、西晋律历家荀勖、南北朝数学家祖冲之、唐代律历家李淳风等，皆进行过考量和测算。东汉以后各代均以刘歆创立的以律校度、以度审容、以黍容重方法，建立本朝的度量衡制。建立度量衡的 81 字诏书在新莽铜丈、铜衡、铜嘉量上均有，其铭文："黄帝初祖，德匝于虞，虞帝始祖，德匝于新；岁在大梁，龙集戊辰，戊辰直定，天命有民……初班天下，万国永遵，子子孙孙，享传亿年。"

图 5　新莽铜嘉量上的诏文

　　新莽时刘歆以黄钟律管和累黍之法相互参校来考求度量衡，这一方法虽然因许多不确定因素而存在误差，但总归为度量衡的量值确立了一个较为稳定的标准，所以每当后世度量衡混乱之时，便会以累黍标准来求取标准量值，因此具有明显的积极意义。刘歆在协助王莽改革度量衡的过程中，提出了系统的计量理论。其理论涉及数在计量中的作用、音律本性及其与计量的关系、度量衡基准的选择依据以及度量衡标准器的设计等内容。其理论的核心部分被后人广泛接受，成为传统计量发展的圭臬，而该理论本身也成了中国古代传统计量理论形成的标志。汉代新莽时期进行了大规模的度量衡制度改革，形成了中国古代度量衡最系统、最权威的理论体系，在理论的指导下制作了一批度量衡标准器。而刘歆对这一体系的形成作出了重要贡献。

刘歆的主要成就还表现在经学史方面：第一，发现了一批晚出先秦经书，使之免于佚失。第二，重视训诂，以此读经，且据古文的字体笔意以解其意。第三，重视古文经学，开启了古文经学的发展道路。刘歆在校理群书方面的贡献则是：第一，刘歆在其父刘向编纂《别录》的基础上进一步加工，编成了一部综合性的图书分类目录《七略》，为中国第一部图书分类目录，是具有学术史

图6　刘歆在其父编纂《别录》的基础上编撰《七略》

价值的著作。第二，刘向、刘歆父子经过 20 多年的努力，完成了中国历史上，第一次由政府组织的大规模图书整理编目工作。总共整理出图书33 090 卷，建立了第一个国家图书馆。

计量是关于测量的科学，是科学发展的基石，也是维持国家机器正常运转的技术保障。我国古代社会在其长期发展过程中，积累了丰富的计量理论和实践，尤其是汉代刘歆的计量理论对中国古代计量的发展发挥了重要作用，标志着我国古代度量衡体系的完善。

参考文献

[1]　中国大百科全书总编辑委员会. 中国大百科全书：天文学［M］. 北京：中国大百科全书出版社，1980.

[2]　魏代富. 先秦两汉历史传说研究［M］. 北京：人民出版社，2019.

[3]　张若茵. 中国历史名人传精度：秦汉卷［M］. 武汉：湖北教育出版社，2016.

[4]　吴燕. 追忆万籁俱寂的年代：科学史上的刘歆［J］. 民主与科学，2006（2）：44-46.

[5]　戴念祖. 中华文化通志：物理与机械志［M］. 上海：上海人民出版社，2013.

[6]　丘光明. 中国历代度量衡考［M］. 北京：北京科学出版社，1993.

第九节　张衡：通晓天地、精研测距

张衡（公元 78 年—公元 139 年），字平子，中国东汉时期伟大的天文学家、计量学家、数学家、发明家、地理学家、制图学家、诗人。南阳西鄂（今河南省南阳县石桥镇）人，汉族。十七岁时，离开家乡，到西汉故都长安及其附近地区考察历史古迹，调查民情风俗和社会经济情况。后来，又到首都洛阳参观太学，求师访友。汉和帝永元十二年（公元 100 年），由洛阳回到南阳，担任南阳太守鲍德的主簿。在此期间写了《东京赋》和《西京赋》，一直流传到今天。安帝永初二年（公元 108 年）鲍德调离南阳后，张衡去职留在家乡，用了三年时间钻研哲学、数学、天文，积累了不少知识，声誉大振。永初五年他再次到京城，担任郎中与尚书侍郎。元初二年（公元 115 年）起，曾两度担任太史令，前后凡十四年，在天文学上取得卓越的成就。张衡为中国天文学、机械技术、地震学的发展作出了杰出的贡献，他发明地动仪、改进浑天仪，是东汉中期浑天说的代表人物之一，被后人誉为"科圣"。

图 1　张衡像

张衡幼年时父母早亡，他以祖父张堪为榜样，刻苦向学、不舍昼夜，始终以高标准严格要求自己，幼小的张衡不但苦干，而且想办法巧干，从小就下决心文理兼修、均衡发展。大约 15、16 岁时，张衡就告别家人，只身闯荡江湖。他边走边考察风俗民情，登览华山、走访终南山、踏足广阔的渭河平原。走出书斋后，张衡远游三辅（今陕西西安一带），主要是游览西汉故都长安。然后东出潼关，游学洛阳，观太学，访名师，结益友。长安、洛阳之行，他登山临水，考察物产民情，尤其是对长安城郊的宫阙规模、市井制度、远近商贾货财的聚散、豪富游侠王侯的故事，都有较深切的认识。一路上的优美景致给他提供了丰富的文学创作素材，为他文学上的成名奠定了基础。一路上，任何事物都能引起张衡的极大兴趣，他甚至认为"一物不知，实以为耻"。游到兴起时张衡即兴作赋，例如被视为经典的《温泉赋》："阳春之月，百草萋萋。余在远行，顾望有怀。遂适骊山，观温泉，洛神井，风中峦，壮厥类之独美，思在化之所原，美洪泽之普施，乃为赋云：览中域之珍怪兮，无斯水之神灵。控汤谷于瀛洲兮，濯日月乎中营。荫高山之北延，处幽屏以闲清。于是殊方交涉，骏奔来臻。士女晔其鳞萃兮，纷杂沓其如烟。"《温泉赋》就是张衡经灞桥路过骊山时所作。

张衡通过观测记录了两千五百颗恒星，创制了世界上第一架能比较准确地表演天象的漏水转浑天仪、第一架测试地震的仪器——候风地动仪，还制造出了指南车、记里鼓车、飞行数里的木鸟等等。张衡共著有科学、哲学和文学著作三十多篇，其中天文著作有《灵宪》和《灵宪图》等。由于张衡的贡献突出，联合国天文组织将太阳系中的 1802 号小行星命名为"张衡星"。1956 年，中国著名历史学、文学家郭沫若为他题碑文："如此全面发展之人物，在世界史中亦所罕见，万祀千龄，令人景仰。"

据记载，张衡曾制造过指南车。三国、晋、南北朝先后都有人再作尝试，并不断加以改进。指南车是由与指示方向的木人相连接的中心大齿轮（主齿轮）、与车子左右车辕相连接的左右小齿轮等组合而成的。指南车通过车轮转弯，经过齿轮系传动，拨动木人改变方向。指南车的发明是前人在机械设计、制造方面智慧的结晶，相当于我们今天所用的高德导航或"GPS"，是方向计量的典范。

张衡创造的记里鼓车是用来测算距离、计算里程的机械，这个机械相当于汉代计算行驶距离的"计程车"。据《古今注》记载："记里车，车为二层，皆有木人，行一里下层击鼓，行十里上层击镯。"记里鼓车是利用车轮带动大小不同的一组齿轮，使车轮走满一里时，其中一个齿轮刚好转动一圈，该轮轴拨动车

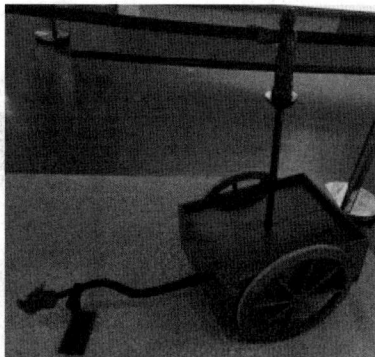
图 2　计量博物馆藏指南车模型

上木人打鼓或击钟，报告行程。记里鼓车与指南车制造方法相类似，所利用的差速齿轮原理，早于西方 1 800 多年。记里鼓车又称"记道车"，为皇帝出行时作为象征皇权的仪仗车辆。汉代刘歆著《西京杂记》中有"记道车，驾四，中道"的记载。记里鼓车是我国古代对齿轮系运用的典范。它的记程功能是由齿轮系完成的：将两个齿数相同的齿轮，中间嵌入一个中轮，车便能按同一速度和同一方向运转，整个齿轮系与车辆同行同止。今天汽车的里程表每行驶一千米便转动 1 个数码，其原理与古代记里鼓车相似。

汉朝的时候，关于宇宙结构的理论主要有三个学派：盖天说、浑天说和宣夜说。张衡是浑天说的代表人物。他认为天好像一个鸡蛋壳，地好比鸡蛋黄，天大地小；天地各乘气而立，载水而浮。这个看法虽然也属于地心说体系的范畴，但是在当时却有进步之处：第一，张衡虽然认为天有一个硬壳却并不认为硬壳是宇宙的边界，硬壳之外的宇宙在空间和时间上都是无限的。第二，张衡在《灵宪》这篇著作中，一开头就力图解答天、地的起源和演化问题。他的回答具有朴素的、变化发展的辩证思想因素。他认为天地未分以前，混混沌沌；既分以后，轻者上升为

天，重者凝结为地。天为阳气，地为阴气，二气互相作用，创造万物，由地溢出之气为星。第三，张衡认为 "近天则迟，远天则速"，即用距离变化来解释行星运行的快慢。近代科学证明，行星运动的快慢是和它同太阳距离的近远相关的。张衡的解释有合理的因素。

图 3　计量博物馆藏记里鼓车车模型

图 4　记里鼓车下方齿轮传动系统

图 5　浑天仪

张衡不但注意理论研究，而且注重实践，他曾亲自设计和制造了漏水转浑天仪、候风地动仪。候风地动仪制成于顺帝阳嘉元年（公元 132

年），是世界上第一架测验地震的仪器。浑天仪相当于现在的天球仪，原是西汉时耿寿昌发明的，张衡对它作了改进用来作为浑天说的演示仪器。他用齿轮系统把浑象（见浑仪和浑象）和计时漏壶联系起来，漏壶滴水推动浑象均匀地旋转，一天刚好转一周。这样，人在屋子里看浑象，就可以知道哪颗星当时在什么位置上。张衡认为，早晚和中午的太阳，其大小是一样的；看起来早晚大，中午小，只是一种光学作用。早晚观测者所处的环境比较暗，由暗视明就显得大，中午时天地同明，看天上的太阳就显得小。好比一团火，夜里看就大，白天看就小；张衡的这种解释是有道理的，但不很全面，到了晋代，束皙才作了比较完善的解释。

张衡在西汉耿寿昌发明的浑天仪的基础上，根据自己的浑天说，创制了一个比以前精确、全面得多的"浑天仪"。漏水转浑天仪是一种水运浑象，用一个直径四尺多的铜球，球上刻有二十八宿、中外星官以及黄赤道、南北极、二十四节气、恒显圈、恒隐圈等，成一浑象，再用一套转动机械，把浑象和漏壶结合起来。以漏壶流水控制浑象，使它与天球同步转动，以显示星空的周日视运动，如恒星的出没和中天等。它还有一个附属机构即瑞轮蓂荚，是一种机械日历，由传动装置和浑象相连，从每月初一起，每天升一叶片；月半后每天落一叶片。它所用的两级漏壶是现今所知最早的关于两级漏壶的记载。

张衡是第一个真正用自己设计的仪器来观测地震的学者。世界上最早地震仪是张衡发明的，地震仪是铜铸的，形状像一个酒樽，四周有八个龙头，龙头对着东、南、西、北、东南、西南、东北、西北八个方向。龙嘴是活动的，各自都衔着一颗小铜球，每一个龙头下面，有一个张大了嘴的铜蛤蟆，仪器的内部中央有一根铜质"悬垂摆"，柱旁有八条通道，称为"八道"。它比欧洲人创造的类似的地震仪早了 1 700 多年。可惜的是东汉地动仪早已失传，我们看到的地动仪都是后人根据史籍复原的。我国是一个多地震的国家，早在 3 000 多年前，我国就已经有了关于地震的记载，对于地震的原因也进行了探讨。东汉时期，地震比较频繁，据《后汉书·五行志》记载，自和帝永元四年（公元 92 年）到安帝延光四年（公元 125 年）的三十多年间，共发生了 26 次比较大的地震。地震区有时大到几十郡，引起地裂山崩、江河泛滥、房倒屋塌，给人民生命财产造成很大损失。张衡对于地震有不少亲自体验，因为太史令职务的职责之一就是掌管地震记录。为了掌握全国各地的地震动态，张衡经过长年研究，终于在阳嘉元年（公元 132 年）发明了震烁古今的候风地动仪。据《后汉书·张衡传》记载，地动仪"以精铜铸成，圆径八尺""形似酒樽"，顶部有突起的圆盖，表面饰有篆文以及山、龟、鸟、兽等图案。酒樽的周围镶着 8 条龙，按照东、西、南、北、东北、东南、西北、西南 8 个方向排列着。龙嘴衔有一铜球，地面上有 8 只昂首张口的蟾蜍，准备承接龙口中落下来的铜球。樽中有一根高而细的铜柱，称之为"都柱"，柱旁有 8 条通道。道中安有"牙机"（发动机关）。一旦发生地震，地动仪内部的"都柱"就发生倾斜，触动"牙机"，使发生地震方向的龙头张开嘴，吐出铜球，跌入蟾蜍口中，人们闻声捡球，就可知道该方向发生了地震。

张衡发明的地动仪性能很好，据当时记载："验之以事，合契若神。"138 年，陇西（今甘肃省东南部）发生地震，陇西离洛阳 1 000 多里，但张衡安置在洛阳的地动仪龙嘴吐球，测出西方发生过地震。当时在京城的人们却丝毫没有感觉到地震的现象，于是人们议论纷纷，责怪地动仪不灵验。过了几天，陇西有人飞马来报，证实了张衡的预测。于是，人们"皆服其妙"。张衡地动仪的内部结构，史书记载简略不能详知。后来，南北朝科学家信都芳曾在所著《器准》一书中绘图描述过地动仪的原理和制作方法，隋初临孝恭也写过一部《地动铜仪经》，对这个仪器的机械原理，作了一些说明，但是都失传了。近代中外科学家作了不少研究工作，提出了一些复原方案。1936 年，王天木曾发表过《汉张衡候风地动仪造法之推测》的一篇论文。1959 年，中国历史博物馆展出了王振铎复原的张衡地动仪模型，终于科学地解决了候风地动仪从外形到结构的全部复原问题。虽然我们已经能大致还原地动仪模型，但真正的张衡地动仪失传已久，模型再精美也只是现代人的思维产物而已。

图 6　地动仪模型

张衡一生为我国科学文化作出了卓越贡献，尤其在测距方面为后世留下很多宝贵经验，为天文学家提供了一个准确的观测工具，不愧为我国古代一位伟大的计量学家。他曾两度担任管理国家典籍、天文历法的太史令，精通天文历算，对中国天文学的发展，有过巨大的影响。张衡是古代"浑天说"的集大成者，他的《灵宪》和浑天仪都是我国古代天文学方面极其重要的科学成就。张衡的科学成果一方面总结了古代天文学的珍贵成果和丰富经验，另一方面展示了运用科学仪器的卓越典范。尤其是浑天仪，这种精密的科学仪器提供了极其优秀的观测天象的方法，对以后天文学的研究产生了很大的启发作用。如南朝宋文帝元嘉十三年（公元 436 年），太史令钱乐之曾铸造浑仪和小浑天，大体和张衡的浑天仪相同。唐朝初年，李淳风、梁令等更重新改制浑天仪，基本上和张衡的方法相同。北宋苏颂、元代郭守敬对浑天仪的制法也进行了改进。总之，浑天仪在世界天文仪器发展史上堪称一绝。张衡还创制世界上第一架测定地震方向的地动仪，1 000多年以后，古波斯马哈拉天文台才出现类似的地震仪，欧洲则是在1 700多年以后才有水银流溢地震仪，这表明：张衡在科学研究上能结合实际、善于综合学习前人的科学经验，在前人的基础上进行创新改进，有所发明。他的朋友崔瑗在为他写的墓碑中赞道："数术穷天地，制作侔造化。"前一句是称道他数学、天文学知识之渊博，后一句则赞颂他制造的各种器物之神奇。张衡的成就也告诉我们，科技发展并非孤立存在的，它需要人类文明的支撑和背景。古代中国天文学和数学学科的发展为张衡的成就提供了有力的支持，也成为张衡的创新源泉。在现代社会的科技创新中，我们也应该注重对于历史文化的传承和积淀，发掘和借鉴历史中的智慧，为科技的发展提供更加广阔的思想空间和创新潜力。

参考文献

[1] 中国大百科全书总编辑委员会. 中国大百科全书：天文学 [M]. 北京：中国大百科全书出版社，1980.

[2] 魏代富. 先秦两汉历史传说研究 [M]. 北京：人民出版社，2019.

[3] 张若茵. 中国历史名人传精度：秦汉卷 [M]. 武汉：湖北教育出版社，2016.

[4] 董飞. 中华名人大传 [M]. 北京：线装书局，2010.

[5] 陆敬严，华觉明. 中国科学艺术史：机械卷 [M]. 北京：科学出版社，2000.

[6] 杜石然. 中国科学艺术史：通史卷 [M]. 北京：科学出版社，2003.

[7] 马松源. 巨人百传：中国卷：科技精英卷 [M]. 北京：线装书局，2009.

[8] 杨义先，钮心忻. 中国古代科学家列传 [M]. 北京：人民邮电出版社，2021.

[9] 叶永烈. 科学家故事100个 [M]. 武汉：长江文艺出版社，2017.

[10] 刘起釪，安金槐. 中国大百科：名家文库：先秦史 [M]. 北京：中国大百科全书出版社，2012.

［11］　金常政.中国大百科全书：天文学［M］.北京：中国大百科全书出版社，1992.

［12］　崔振明.中华五千年科学家评传［M］.北京：中国纺织出版社，2012.

［13］　实施四川历史名人文化传承创新工程领导小组.四川历史名人读本［M］.成
都：四川人民出版社，2020.

第三章　三国两晋南北朝至隋唐时期计量人物

　　三国、两晋、南北朝时期（公元 220 年—公元 581 年）度量衡单位量值经历了激烈的变化过程。这一时期，国家长期处于分裂局面，政权更迭频繁，兵戈不止，农业生产几经破坏。但在各个时期的南北政权分立统治期间，都曾出现过复兴安定的局面，黄河流域和北方地区的农业生产得到较快发展，长江流域以及西南、东南地区也得到开发和发展，农村自然经济占主导地位，实物租税繁多，促使度量衡器使用面扩大，杆秤已普遍使用，且通行大单位量制，政府也顾不上对度量衡制严格管理，这就给单位量值约定俗成地自由增长以有利时机。这种增长由于政治和社会的原因，北方远大于南方，出现"南人适北，视升为斗"的情况。到北魏后期，北周的度量衡单位量值与汉末相比，尺度值增长 30%，容量和衡重均增长约两倍。

　　公元 589 年隋朝建立了统一的多民族国家，就把北周达到的单位量值作为隋代的大单位量制标准。1 尺合今 30 厘米，1 升合今 600 室升，1 两合今 41.25 克，1 斤合今 660 克。在中国历史上秦始皇统一度量衡对秦以后的两汉、魏、晋历时五六百年影响深远。至隋文帝，又把经过南北混乱的度量衡再一次统一起来，这是中国第二次统一的度量衡单位量制，并且被以后强大的封建王朝唐、宋所沿袭，直至明、清都没有大的变化。

因此隋期在中国度量衡史上的地位也是十分重要的。

唐朝对度量衡管理有较严有严格的管理制度，颁发了度量衡标器。唐代度量衡器具主要由官府制造，制作精致，工艺之精湛达到了相当高的水平。《唐会要》中规定了主管、制造、颁发以及检定的机构将度量衡标准器普遍颁发给各地。京诸司及诸州，各给秤尺及五尺度。《唐律疏议》中有两条有关度量衡的法律条文。第一条是关于金定：依照关市校斜斗秤度令，每年八月到太府寺平校，京外的到所在州县官府校验并印署，如果校勘不准，对检定者杖七十；监督检定的官员失职没有发觉治罪比检定者减轻一等；若是两者串通作弊，同罪。第二条是关于私造度量衡器具：利用度量衡器具侵吞国家财物的，以偷盗国家财物论处，未经官府检定，私造失准的度量衡器鞭五十；如有克扣欺诈行为，其非法所得盖检定印记的，惩戒鞭四十。

通俗的讲就是制定了严格的法律条文和奖惩办法，凡营私舞弊者，皆严惩不贷。唐朝的度量衡沿用了暗制。但为了适应当时经济社会发展的需要，唐朝的度量衡管理水平还是较前代有较大的发展和完善，制定了一系列度量衡管理的办法。唐朝规定度量衡的主管机关是太府寺和地方州府县街门。唐代在度量衡单位和技术上也较前代有较大改进，实行"大""小"二制并用，如《唐六典·金部郎中》载："凡度，以北方租秦中者，一黍之广为分，十分为寸，十寸为尺，一尺二寸为大尺。"故按唐代尺度分"大尺""小尺"。"小尺"只限于"调钟律测暑合汤药及冠冕之制"，除此一般都用"大尺"，所谓"公私悉用大者"，特别值得一提的是唐代的度量衡法令也日臻完善，《唐律疏议》就是迄今我国保存下来最古老、最完整的封建刑事法典且乃"引礼入法"的典范。《唐律疏议》于公元653年实行，始称《永微律疏》。在《唐律疏议》中有专门的章节《杂律门》对违规制造使用度量衡器具及违反度量衡检定的行为进行了明确规定。

三国、两晋、南北朝时期，政权分散，更迭频繁，管理失控，法制废弛，成为中国度量衡发展史中的混乱时期。南北朝时祖冲之对中国古代计量科学的发展作出了巨大贡献，在中国科学史上享有崇高地位。他重视测量中的精度问题，重视对计量标准的搜集和保存。他对前代度量衡标准器的研究取得了引人注目的成绩。在时间计量方面，他对基本计时单位回归年、朔望月和时刻制度都做过探讨，他的探讨促进了传统历法的进步。对计量问题的关注是他在科学研究上取得重大成就的重要原因。公元581年，隋文帝再一次统一了度量衡，实行大小二制，调律制乐改用小制，民间仍用大制。天文历算家李淳风所编《隋书·律历志》，是一篇极为宝贵的度量衡史料。唐代设大府寺主管度量衡，改造斗、斛、尺、秤，颁发标准器。宋景德年间，刘承珪详定秤法，试制出精密戥秤。由于衡器不断改进，唐宋两代将衡重的"两、铢、累、黍"非十进位制，改为"两、钱、分、厘、毫"十进位制，计算方便，计量精确。

第一节　裴秀：中国制图学之父

裴秀（公元224年—公元271年），字季彦，河东郡闻喜县（今山西省闻喜县）人，魏晋时期名臣、地图学家，东汉尚书令裴茂之孙、曹魏光禄大夫裴潜之子。魏文帝黄初五年（公元224年）出生在官宦家庭里的裴秀从小聪明好学，"八岁能属文"，很有见地，十分受人喜爱。二十多岁被招为黄门侍郎，晋文帝时晋升为散骑常侍。三十四岁的裴秀跟随晋文帝司马昭前往淮南征讨诸葛诞，在这次征讨中，裴秀走了很多地方，看到了许多名山大川，获得了丰富的地理知识。结合行军、打仗和用兵之实践，裴秀深深地认识到地图的重要性。平定叛乱之后，裴秀被封为尚书令，为国家"豫议定策"。魏元帝咸熙初年（公元264年），国家"厘革宪司"，让裴秀改革官制，"秀议五等之爵，自骑督已上六百余人皆封"。晋武帝泰始三年（公元267年），裴秀官至"司空"，同时担任"地官"之职，负责管理全国户籍、土地、田亩、赋税和地图等。这使他有更多的机会接触地图资料，考虑绘制地图的问题，为他以后改革地图的绘制方法奠定了基础。裴秀是一位制图体制的革新者和创造者，他以丰富的地理知识、刻苦的钻研精神，创造性地制定了"制图六体"理论，为总结我国历史制图经验，奠定了理论基础。裴秀卓越的成就，不仅在我国地图事业的发展史上具有划时代的意义，而且在世界地图学史上，也占有十分重要的地位。英国科学史学家李约瑟说裴秀"堪称中国科学制图学之父"①。

图 1　裴秀像

　　地图是人类在生产、生活中因自身需要经过测量而绘制的，它在人类文明发展史上可谓是一项伟大的发明创造。我国的地图绘制历史悠久，据古文献所载，我国最古老的地图是公元前 21 世纪的禹铸"九鼎"时制作的。"禹收九牧之金，铸九鼎，象九州"②，鼎上所铸的 "九州图"当为我国最早的地形图。春秋、战国时期，地图已多被使用。《尚书·洛浩》中有周公经营洛邑，制洛邑图献给周王的记载。脍炙人口的"图穷匕见"的历史故事，说的就是燕太子丹抓住了秦王求图心切心理，派荆轲去献图行刺。著名的地图著述《管子二地图篇》里讲到"凡兵主者，必先审

---

① 李约瑟主编《中国科学技术史》，中译本， 科学出版社 1978 年版，第 5 卷第 1 分册第 108 页。
②《汉书·郊祀志》卷 5 上。

知地图"。秦灭六国后，各国图籍都被席卷入关。后来刘邦入关，萧何深知地图的重要性，急取秦的地图保存起来。"沛公至咸阳……何独先入，收垂相御史律令图书藏之。"[1]早在公元前 770 年周平王于迁都之前，为了使都城城址的选址工作更加精确，经勘测后绘制过所选新都城及周边的地图。此后，我国也出现了不少著名的地理学家，他们在实地测量与制图学上都作出过重要的贡献。但据记载最具划时代意义、最杰出的地图绘制者当属裴秀。在裴秀提出"制图六体"之前，中国在地图学方面虽然积累了十分丰富的实践经验但是缺少理论概括和指导，自裴秀提出"制图六体"之后，即为中国地图学者所遵循，如唐代的贾耽和宋代的沈括等都曾在论述中表明裴秀"制图六体"是他们绘制地图的规范。从早期原始形式的地图到西汉图籍由御史大夫掌管，东汉时又由司空执掌。当时，地图的应用已经十分广泛。地图除用于军事、兴修水利、发展农业外，封建王国评定土地疆界也以地图为准，使两汉时期的地图科学和实际应用都达到了相当高的水平，这些都为裴秀创立"制图六体"奠定了基础。裴秀博学多才，留心政事，接触到历代很多地理、地图资料后，对地图学产生极大兴趣，认识到了地图对治理国家的重要性。

裴秀本人非常重视调查研究，在平日工作之余不忘抽出时间作实地考察和搜集沿途地理资料，以备后用。后来，他被提升，负责管理国家地图等事务。作《禹贡地域图》，开创了中国古代地图绘制学，提出"制图六体"，为中国传统地图（平面测量绘制的地图）奠定了理论基础，因此他被称为中国传统地图学的奠基人。"制图六体"即绘制地图时必须遵守的六项原则：分率（比例尺）、准望（方位）、道里（距离）、高下（地势起伏）、方邪（倾斜角度）、迂直（河流、道路的曲直）。前三项比例尺、方位和路程距离是最主要的绘图原则，后三项则是因地形起伏变化而须考虑的问题。这六项原则互相联系、互相制约，对后世制图工作的影响

---

①《史记·萧相国世家》卷53。

十分深远。裴秀提出"制图六体"理论，第一次为中国的地图绘制确立起一套较为严格的科学规范理论体系，使中国的地图绘制从此进入了一个全新的发展阶段。裴秀任司空时，认为《禹贡》中的山川地名沿用久远，后世多有改变，解说者牵强附会，渐渐混淆不清。于是采集甄别旧文，对多处作出注解，作成《禹贡地域图》十八篇。其内容包括从古代的九州直到西晋的十六州，州以下的郡、国、县、邑及它们间的界线，古国及历史上重大政治活动的发生地，水陆交通路线等，还包括山脉、山岭、海洋、河流、平原、湖泊、沼泽等自然地理要素。这是一部以疆域政区为主的历史地图集，也是已知中国第一部历史地图集。图上古今地名相互对照，是当时最完备精详的地图，地图上采用科学的绘制方法，体现了裴秀在制图理论上的卓越见解。

据史书记载，有人绘制了一幅《天下大图》，规模非常宏大，"用缣八十匹"，但这幅《天下大图》不便携带、阅览和保存。裴秀便运用制图六体的方法，"以一分为十里，一寸为百里"的比例尺（大约相当于一百八十万分之一）把它缩绘成《地形方丈图》，并且把名山、大川、城镇、乡村等各种地理要素清清楚楚地标示在图上，阅览携带更加方便。可见，裴秀在当时已经掌握了缩放技术。

图 2　裴秀制图

注："制图六体"，的第一条就是"分率"，即现代地图学的比例尺。有了"分率"，便能把大地的
　　实际面貌，按照统一的比例缩小画成地图。裴秀指出，如果没有"分率"，
　　就无法审订距离远近、地域大小。"分率"是很重要的制图要素。

图3　裴秀研究计量测绘技术

　　自裴秀之后，中国的制图业发展取得了不小的成就，最典型的是贾耽（唐代地理学家、地图制图学家）师承裴秀六体，绘制了世界上最著名的《海内华夷图》。这是继裴秀之后中国又一著名地图作品，主要特点是注重历史地理的考证，古今地名分别用不同颜色绘注，开创了中国沿革地图的先例。此外，宋代石刻的《华夷图》《禹迹图》《地理图》，明代的《广舆图》清代的《皇舆全览图》及《大清一统舆图》，现代谭其骧主编的《中国历史地图集》及竺可桢、黄秉维、陈述彭教授主编的《中华人民共和国自然地图集》等，对推动中国地图学发展具有十分重要的意义。

　　裴秀在地图学上的主要贡献，在于他第一次明确建立了中国古代地图的绘制理论。他总结中国古代地图绘制的经验，在《禹贡地域图》序中提出了著名的具有划时代意义的制图理论"制图六体"。裴秀的制图六体对后世制图工作的影响是十分深远的，他不愧为我国古代计量测绘方面杰出的人物之一。尽管他所绘制的地图虽在历史长河中全部佚失，但是由他创立的"制图六体"理论，却流传于世，为地图的绘制提供了科学依据，在中国和世界的地图学发展史上，建立了不可磨灭的贡献。今天我们应该认真地总结古地图的绘制经验，做到"古为今用"从而更好地"继往开来"，把我国计量测绘技术在创新中更好地传承下去。

参考文献

［1］李约瑟. 中国科学技术史：中译本［M］. 北京：科学出版社，1978.

［2］田余庆，周一良. 中国大百科全书名家文库：三国两晋史［M］. 北京：中国大百科出版社，2012.

［3］田余庆，戴逸，彭明. 中国历史［M］. 北京：中国大百科出版社，2014.

［4］吴守贤，全和钧. 中国古代天体测量学及天文仪器［M］. 北京：中国科学技术出版社，2008.

［5］王庸. 中国地理学史［M］. 上海：商务印书馆，1955.

［6］王庸. 中国地理图籍丛考［M］. 上海：商务印书馆，1956.

［7］王庸. 中国地图史纲［M］. 北京：主活·读书· 新知三联书店，1958.

第二节　荀勖：以乐律古尺考订度量衡

荀勖（？—公元 289 年）字公曾，颍川颍阴（今河南许昌市）人，三国至西晋时音律学家、文学家、藏书家、西晋开国功臣，为东汉司空荀爽曾孙。荀勖少年时聪慧好学。初仕于魏，为大将军曹爽掾属，后迁中书通事郎。曹爽被诛后，历任安阳令、骠骑从事中郎、廷尉正等职。又任大将军司马昭记室，屡进策谋，深见信任，与裴秀、羊祜共掌机密。西晋建立后，封济北郡侯。后拜中书监兼侍中，领著作。累官至光禄大夫、仪同三司、守尚书令。在尚书台时，核罢省中不称职之人。太康十年（公元 289 年），荀勖去世。获赠司徒，谥号"成"。荀勖的笛律是后来蔡元定十八律的先声。他曾

图 1　荀勖像

掌管宫廷乐事，曾研制笛律 12 支，以校正音律。荀勖的十二笛律是在管律上实现三分损益法的卓越例证，无论是在律学史上还是度量衡史上，都可以算得上是重要的成就。

荀勖以乐律订古尺，汉代末年战乱纷起，雅乐以及衡器都已亡佚。由于"乐"和"量"都无法用文字记录，寻找古乐古尺，便成为乐官们的首要任务。晋泰始九年（公元 273 年），中书监荀勖校太乐，八音不和，始知后汉至魏，尺长于古四分有余。荀勖又依周礼制尺为古尺（即新莽尺），并依古尺重造铜律吕，再以尺量律管等古器，尺度皆合。又以所造律尺与当时的晋尺相比较，得知晋尺一尺当 24.14 厘米。

从历代律历志中所见，乐律与度量衡有着密切的关系，汉以后凡寻求古律必言古尺，反之，凡寻求古尺又必言古律。从刘徽和荀勖以莽斛和乐律校尺的故事得知，他们求古度量衡皆以《汉书·律志历》为据。然而，由于年代久远，尺度的增长，乐律的佚亡，后儒不去深究求证。隋唐以后，律尺与日常用尺已分成大小二制，但是度量衡仍被列入《律历志》中而始终没有独立成为专门的学科，这在某种程度上也限制了度量衡的发展。在每个历史阶段，考古、考校工作正是对文化进行准确的解读、还原和传承，为进一步实现经济文化发展提供良好的条件。

图 2　荀勖以乐律古尺考订度量衡

荀勖博学多才，曾与贾充一起修订法令；掌管乐事时，又修正律吕；领秘书监时，曾与张华一同按刘向《别录》整理典籍。有文集三卷，今已佚。荀勖善于"解音声"，被誉为"暗解"高手，荀勖掌管音乐的时候，负责调整音调，为朝廷庆典等重大场合演奏乐曲。荀勖掌管音乐，他所修订的音律流行于世。

荀勖长期在中书之位，专管机密之事。失去此职后，心中怅恨不满。任新职时有人去祝贺，荀勖说："夺了我禁苑中凤凰池的官署，你们还来贺我！"任尚书令时，考试令史以下官吏，核实其才能高低，那些不熟悉法令条例、不能解决疑难处理事务的人，都被遣出。武帝曾对荀勖说："荀公若提拔善者，不提拔起来不休止；荀公达斥逐恶人，不赶走他们不罢休。'两个令君的美德，希望您兼而有之。"在职月余，因母丧上缴印绶辞职，

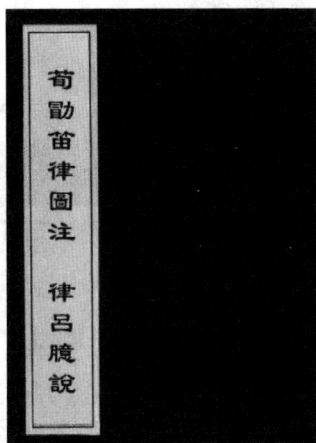

图 3　荀勖笛律图注

武帝不许，派常侍周恢传达旨意，荀勖这才奉诏履行职责。荀勖久管机密工作，才思敏捷，能揣摩人主心思，不触犯人主之意，所以能始终受到皇帝宠信，保其爵禄。

第三节　刘徽：数学泰斗、测望领袖

刘徽（约公元 225 年—约公元 295 年），汉族，山东滨州邹平市人，魏晋期间伟大的数学家，中国古典数学理论的奠基人之一。在中国数学史上作出了极大的贡献，他的杰作《九章算术注》和《海岛算经》，是中国最宝贵的数学遗产。刘徽才思敏捷、灵活，既提倡推理又主张直观。

他是中国最早主张用逻辑推理的方式来论证数学命题的人。刘徽的一生是为数学刻苦探求的一生，他虽然地位低下，但人格高尚。他不是沽名钓誉的庸人，而是学而不厌的伟人，他给我们中华民族留下了宝贵的财富。

图 1　刘徽像

刘徽考校度量衡。三国（魏）景元四年（公元 263 年），刘徽注《九章商功》曰："当今大司农斛，圆径一尺三寸五分五厘，深一尺，积一千四百四十一寸十分寸之三。王莽铜斛，于今尺为深九寸五分五厘，径一尺三寸六分八厘七毫，以徽术计之，于今斛为容九斗七升四合有奇。"魏斛大而尺长，王莽斛小而尺短也。魏斛计算容积为 20 396.4 立方厘米，莽斛经刘徽校量后得计算容积为 19 874.2 立方厘米。魏斛比莽斛大 2.6%，两者容量之比为 1:0.974，计算 $19\ 874.2 \div 20\ 396.4 = 0.974\ 394$。从而证实了刘徽所测量，计算的莽斛"于今斛为容九斗七升四合有奇"是十分精确的。此外，刘徽用割圆术计算圆周率，得出 π 的近似值为 $157/50 = 3.14$，比刘歆的圆周率 3.154 7 前进了一步。

《九章算术注》中所蕴含的科学思想可谓极其深邃，其中逻辑思想、重验思想、极限思想、求理思想、创新思想、对立统一思想和言意思想等均是刘徽科学思想的真实体现。刘徽集各家优秀思想方法，并加以创新而用于数学研究，使以《九章算术》为代表的中国传统数学发生了根本性的变化，上升到了一个新的阶段。

刘徽是测望的先驱。印度在 7 世纪，欧洲在 15—16 世纪才开始研究两次测望的问题。刘徽在自撰《海岛算经》中，提出了重差术，此外，他还采用了重表、连索和累矩等测高测远方法。他运用"类推衍化"的方法，使重差术由两次测望，发展为“三望”“四望”。刘徽的工作，不仅对中国古代数学发展产生了深远影响，而且使他在世界数学史上也确立了崇高的历史地位。鉴于刘徽的巨大贡献，所以不少书把他称作“中国数学史上的牛顿”。刘徽的主要贡献在于创造了割圆术，运用极限观念计算圆面积和圆周率；创造十进分数、小单位数及求微数学思想；定义许多重要数学概念，强调“率”的作用；运用直角三角形性质并推广；重差术，形成特有的准确测量方法；提出“刘徽原理”，形成直线型立体体积算法的理论体系，在例证方面，他采用模型、图形、例题来论证或推广有关算法，加强了说服力和应用性，形成了中国传统数学风格；他采用严肃、认真、客观的精神，创造精细、有逻辑的观点，以理服人，为后世学人树立良好的学风；在等差、等比级数方面也有一些独特的创意。

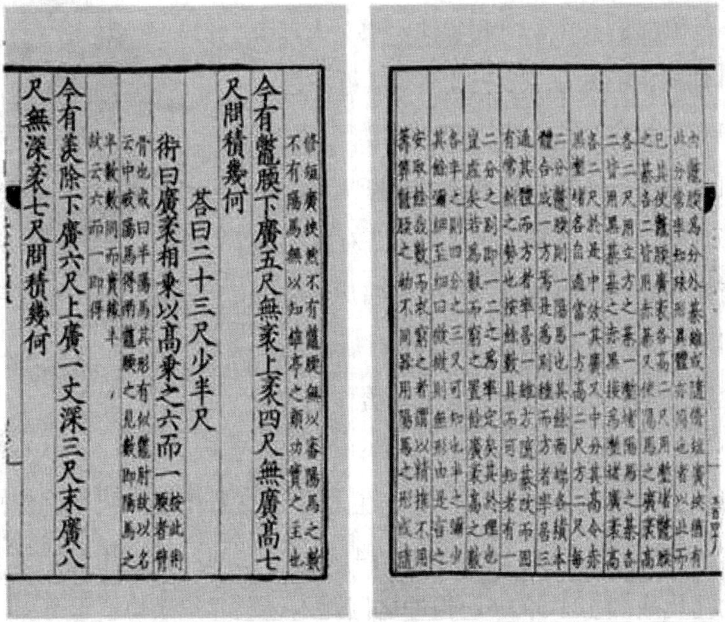
今有鼈臑下廣五尺無袤上袤四尺無廣高七尺問積幾何
荅曰二十三尺少半尺
術曰廣袤相乘以高乘之六而一
今有羨除下廣六尺上廣一丈深三尺末廣八尺無深袤七尺問積幾何

图 2　刘徽考校度量衡书影

刘徽,自撰《海岛算经》,专论测高望远。其中有一题是数学史上有名的测量问题,今译如下:如图,要测量海岛上一座山峰的高度 AH,立两根高均为 3 丈的标杆 BC 和 DE,两竿相距 $BD=1\,000$ 步,且 H,B,D 三点成一线;从 B 处退行 123 步到 F,人的眼睛贴着地面观察 A 点,A,C,F 三点成一线;从 D 处退行 127 步到 G,从 G 处观察 A 点,A,E,G 三点也成一线,求山峰的高度 AH (1丈=$\frac{5}{3}$步,结果用步表示)。

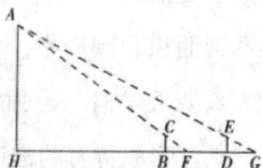

图 3 《海岛算经》题目

第四节　祖冲之:圆周率精密计算第一人

祖冲之(公元 429 年—公元 500 年),字文远,范阳郡逎县(今河北省涞水县)人,南北朝时期杰出的数学家、天文学家。祖冲之一生钻研自然科学,其主要贡献在数学、天文历法和机械制造三方面。他首次将"圆周率"精算到小数第七位。他提出的"祖率"对数学的研究有重大贡献。由他撰写的《大明历》是当时最科学、最进步的历法,该历法对后世的天文研究提供了正确的方法。其主要著作有《安边论》《缀术》《述异记》《历议》等。

图 1 祖冲之像

祖冲之是有名的数学家,其一生与计量息息相关。祖冲之算出圆周率(π)的真值在 3.141 592 6 和 3.141 592 7 之间,相当于精确到小数第 7 位,简化成 3.141 592 6,祖冲之因此入选世界纪录协会世界第一位将圆周率值计算到小数第 7 位的科学家。祖冲之对圆周率数值的精确推算值，对于中国乃至世界是一个重大贡献，后人用他的名字命名"祖冲之圆周率"，简称"祖率"。

祖冲之在圆周率方面的研究，有着积极的现实意义，他的研究适应了当时生产实践的需要。他亲自研究度量衡，并用最新的圆周率成果修正古代的量器容积的计算。古代有一种量器叫作"釜"，一尺深，外形呈圆柱状，祖冲之利用他的圆周率研究，求出了这种量器的精确数值。他还重新计算了汉朝刘歆所造的"律嘉量"，利用"祖率"校正了数值。以后，人们制造量器时就采用了祖冲之的"祖率"数值。

图 2　勤于思考的祖冲之

祖冲之吸取了赵厞的理论，加上他自己的观察，认为十九年七闰的闰数过多，每二百年就要差一天，而赵厞六百年二百二十一闰也不十分准确。因此，祖冲之提出了 391 年 144 闰月的新闰法。祖冲之的闰周精密程度极高，按照他的推算，一个回归年的长度为 365.242 814 1 日，与今天的推算值仅相差 46 秒。一直到南宋的《统天历》，才采用了比这更精确的数据。

祖冲之在我国天文学史上第一次提出，月亮相继两次通过黄道、白道的同一交点的时间（即"交点月"）长度为 27.212 3 日，与现今推算值仅相差十万分之一日，即不到 1 秒。由于日食、月食（统称交食），都发生在黄白交点附近，所以祖冲之的交点月长度对于日月食预报具有十分重要的意义。

祖冲之的贡献远不只这些，他在天文、机械甚至音律和文学上都颇有造诣。为纪念这位伟大的古代科学家，1967年，国际天文学家联合会把月球上的一座环形山命名为"祖冲之环形山"；我国也于1986年发行了祖冲之银币。

图3 祖冲之纪念银币

祖冲之，不仅是著名的科学家、重要的数学家，而且还是杰出的计量学家。他在古代计量领域的主要贡献为：一是以高精度的圆周率考校"新莽嘉量"，他推算的高精度圆周率领先世界1 000多年。二是精确测量时间，编纂《大明历》。测得比前人更为确切的回归年数。祖冲之在时间测量上的另一个重要贡献是对"闰法"的修改。他提出的每391年中置144个闰月，他的测量与现代测量值比较仅仅相差了万分之六日。三是复原指南车，推进空间方位测量。

祖冲之从小就受到良好的教育，对自然科学、文学和哲学都有浓厚的兴趣，尤其酷爱数学和天文学。小时候，他就"专攻数术，搜炼古今"，把从古代到他所处的时代所保存的观测记录和有关文献，几乎全部搜集来作为参考，进行更为艰巨而细致的圆周率演算。他对圆周率的研究，到后来已经达到如痴如醉的地步了。有一天，已经夜深了，他翻来覆去睡不着，他在想《周髀算经》中说的"圆周的长是直径的三倍"这个说法是否正确。天还没亮，他就把妈妈叫醒，要了一根绳子，跑到大路上等候着马车。突然，来了一辆马车，祖冲之喜出望外，请求量马车轮的周长，经过再三测量，他总觉得圆周长大于直径的三倍，可究竟是多少呢？这个问题一直盘旋在他的脑海里。当时，他仅仅依靠排列算筹、绳尺测量等简单的工具，经过长期反复演算，直到40多岁，才解开了这个谜。他还勤政爱民，关心百姓疾苦，为百姓提供了很多服务，深受百姓爱戴。

图4　六朝博物馆内指南车

第五节　刘焯：精确计算岁差

刘焯，（公元544年—公元610年），字士元，信都昌亭（今河北冀县）人，隋代天文学家、数学家。他着力研习《九章算术》《周髀》《七曜历书》等，还著有《稽极》10卷、《历书》10卷。他提出新法，编有《皇极历》，在历法中首次考虑太阳视差运动的不均匀性，创立用三次差内插法来计算日月视差运动速度，推算出五星位置和日、月食的起运时刻。这是中国历法史上的重大突破。

刘焯自幼聪敏好学，少年时代曾与河间景城（今献县东北）人刘炫为友，两人一同寻师求学。后师从武强交津桥藏经大儒刘智海门下，寒窗十载，苦读不辍，终于学有所成，以儒学知名受聘为州博士，与刘炫当时并称"二刘"。隋文帝开皇初年，冀州刺史赵炬，拜刘焯为员外参军。进京（今之西安市）后，参修国史及天文律历。开皇六年（公元

图1　刘焯像

586年），洛阳石经运至京师，因文字多有磨损，难以辨认，朝廷召群儒考证。论证期间，刘焯以自己的真知灼见，力挫群儒，谁知由此而遭忌恨、诽谤，竟被免职回家。刘焯回到家乡后，曾再被召用，又再被罢黜，两次挫折之后，遂使他专心著述，不问政事。先后写出《历书》《五经述义》等若干卷，传播知识，名声大振。据史书载："名儒后进，博学通儒，无能出其右者。"[1]他的门生弟子很多，成名的也不少，其中衡水县的孔颖达和盖文达就是他的得意门生，孔、盖后来成为唐初的经学大师。隋炀帝即位，刘焯被重新启用，任太学博士。当时，历法多存谬误，刘焯多次建议修改。公元600年，他呕心沥血，编出了《皇极历》，很可惜未被采用。但他对天文学的研究，达到很高的水平。唐初李淳风依据《皇极历》编出《麟历》被推为古代名历之一。

刘焯的计量贡献：第一，在《皇极历》中，他首次考虑视运动的不均匀性，并主张改革推算二十四节气的方法，废除传统的平气，使用他创立的定气法。这些主张，直到1645年才被清朝颁行的《时宪历》采用，从而完成了中国历法上第五次也是最后一次大改革。第二，刘焯力主实测地球子午线。源起是中国史书记载说南北相距1千里的两个点，在夏至的正午分别立一八尺长的测杆，它的影子相差一寸，即"千里影差一

---

① 李晓东. 名家带你回首隋朝兴亡［M］. 北京：北京联合出版社公司，2014.

寸"说。刘焯第一个对此谬论提出异议。后于 724 年，唐张遂等才实现了刘焯的遗愿，并证实了刘焯立论的正确性。第三，他较为精确地计算出岁差（假定太阳视运动的出发点是春分点，一年后太阳并不能回到原来的春分点，而是差一小段距离，春分点逐渐西移的现象叫岁差），定出了春分点每 75 年在黄道上西移 1 度。而此前晋代天文学虞喜算出的是 50 年差 1 度，与实际的 71 年又 8 个月差 1 度相比，刘焯的计算要精确很多。唐、宋时期，大都沿用刘焯的数值。

刘焯的创见和一些论断，在当时未被采纳，但却在后世被接受，或在他的研究基础上发展、改进。因而他对科学的贡献是不容磨灭的。

图 2　刘焯著书

第六节　李淳风：为风定级

李淳风（公元 602 年—公元 670 年），道士，岐州雍县人。唐代天文学家、数学家、易学家，精通天文、历算、阴阳、道家之说。唐代学者李淳风撰写了《隋书》与《晋书》的律历志，其中考订了前朝各个时期的度量衡，详细记载了度量衡的差异演变。两志揭示了历代与度量衡相关的人物，保存了现已不存全书的度量衡文籍资料，描述了几近完备的度量衡器物，记载了极具研究价值的历史事件。与唐代其他学者相比，他的论述内容更加丰富，史料收集较为完备，考订方法得当，并对后人的研究产生了一定影响。

李淳风和袁天罡还被传说为《推背图》的作者。咸亨元年（公元 670 年），李淳风卒，唐高宗李治又颁"追复诏"，追复李淳风为"太史令"。

李淳风的父亲李播，在隋朝时曾任县衙小吏，因职位低不得志，弃官而为道士，颇有学

图 1　李淳风像

问，自号黄冠子，注《老子》，撰方志图十卷、《天文大象赋》等。从小被誉为"神童"的李淳风在其父的影响下，博览群书，尤钟情于天文、地理、道家、阴阳之学。隋大业七年（公元 611 年），9 岁，李淳风远赴南坨山静云观拜至元道长为师。隋大业十四年（公元 618 年），李渊称帝，封李世民为秦王。唐高祖武德二年（公元 619 年），时年 17 岁的李淳风回到家乡，经李世民的好友刘文静推荐，成为秦王府记室参军。

贞观十五年（公元 641 年），李淳风官至太常博士，十八年官至太史丞。撰写《晋书》时，他写的《天文》《律历》《五行》三志，总结前人研究成果，尤为精微。贞观二十二年（公元 648 年），李淳风被任命为太史令。玄奘取经平安返回，并引进商羯罗主因明逻辑新学说。佛门又撰书传玄奘在取经途中念经除女妖，宗教威望一时无二。唐高宗永徽六年（公元 655 年），玄奘法师门下栖玄法师将《因明入正理论》抄送幼年相识，并讥讽吕才。吕才随即通阅玄奘门下诸弟子的因明注疏，作出《因明注解立破》并附图解。诸僧群起而攻之。10 月，太常博士柳宣见吕才对慧立的攻击一直没有回应，便自告奋勇，作《归敬书》，致译经诸僧。太史令李淳风也站出来维护吕才，贬抑诸僧群攻吕才。柳宣引其议论，说玄奘名实称道，吕才学识赅博，但以因明义隐，所说不同，触象各得

其形，共器饭有异色。并提出吕才既已执情，道俗望指定，望咨玄类裁决，传示四众。最后唐高宗命众人往慈恩寺，请三藏与吕公对定。虽然结果以护教法师玄奘自参自判宣布吕才错误而告终。实际上，吕才并未心悦诚服，反是"颇历炎凉，情犹未已"。但也能看出李淳风、吕才、柳宣三人为追求世间真理可以挑战佛学宗师的勇气。

唐高宗显庆元年（公元656年），李淳风获封昌乐县男，又与国子算学博士梁述、太学助教王真儒等受诏审定并注释《十部算经》，颁行于国子监。这部算经是世界上最早的算学教材，在中国、日本和朝鲜的学校中沿用多年，且是考核技术官吏的一部重要书籍。闻名中外的计算球体体积的"祖暅定律"就是李淳风注释《九章算术》时，介绍传播开的。唐高宗麟德二年（公元665年），李淳风根据近40年的观测、推算，认为傅仁均的《戊寅元历》漏洞百出，要求废除，另造新历，得到唐高宗的支持。他根据隋代天文学家刘焯的《皇极历》，并有所损益，借鉴其先进的计算方法完成新历，并很快应用，称作《麟德历》，并传入新罗（今朝鲜）。

贞观十五年（公元641年），李淳风受诏"预撰《晋书》及《五代史》"，"其天文、律历、五行志，皆淳风所作也"。《五代史》为梁、陈、周、齐、隋五代的历史，后来其中的"十志"并入《隋书》，所以《五代史志》就是《隋书》中的"志"。李淳风撰写天文、律历志时，对自魏晋至隋朝这段历史时期天文、历法与数学的重要成就，作了较全面的搜集和整理。《隋书·律历志上·备数》记载的"率"，是中国古代算术所研究的最基本的数量"关系"，它在算术中有极其广泛的应用，是中国算术许多理论的基础和算法的源泉。李淳风首次将"率"载入官修正史而赋予其显赫的地位，足见李淳风对中算理论真谛的深刻认识。《隋书·律历志上·备数》还有中国史书中关于祖冲之圆周率的最早记载，用现代数学语言表达，就是祖冲之求出：3.141 592 6。祖冲之的圆周率已准确到小数点下第七位，他的"密率"是分子、分母在1 000以内表示圆周率的最佳近似分数，欧洲人在一千一百多年后才得到这一结果。祖冲之所著的《缀术》早已失传，他的这一光辉成就因被李淳风编入史书，才得以流传后世。

在《晋书·律历志》中，李淳风详细地记述了刘洪撰的《乾象历》法。刘洪实测月行迟疾之率，创立了推算定朔、定望的一次函数的内插公式，测出黄白交角为五度多，测定近点月为 27.553 36 日，与今天测值相近。刘洪的《乾象历》是《四分历》以后历法改革的关键性阶段，可是在《晋书》之前撰成的梁朝沈约的《宋书》，却出于偏见，略而不载，对刘洪的科学成就只字未提。李淳风则在《晋书·律历志》中，原原本本地详细记述了刘洪的科学成就。

在《天文志》中，李淳风创立了一种格式，包罗了古代天文学的各个方面：说明天文学的重要性和历代传统，介绍有关天地结构的理论研究、天文仪器、恒星及其测量、各种天象记事等。在介绍言天各家理论时，简要说明其理论，多引原话而不转述，写出作者简介及与其争论者的名字、观点，使后人对当时探讨天地结构的争论有了清晰的概念。

北齐张子致力于三十余年的天文观测，终于发现了太阳与五星视运动不均匀性现象，李淳风在《隋书·天文志》中记述了这一在中国天文学史上堪称具有划时代意义的重大发现。在《隋书·律历志》里，还记载了隋朝刘焯的《皇极历》法，其中有刘焯创立的二次函数的内插公式，和刘焯最先提出的"黄道岁差"的概念及相当精确的黄道岁差数据。《皇极历》法包含了刘焯首创的定气法、定朔法和躔衰（即日行盈缩之差年）法，还有以前历法所没有的推算日月食位置、食的始终、食分多少及应食不食、不应食而食等方法，推算五星也比以前的历法精密。《皇极历》是一部优秀的历法，"术士咸称其妙"①，对后世历法有重大影响，可是，由于种种阻挠而未能颁用。李淳风通过比较研究看出《皇极历》实为隋

---

① 路甬祥. 中国古代科学技术史 天文卷 [M]. 沈阳：辽宁教育出版社，1996.

历之冠，将之详细记入《律历志》，成为中国历法史上唯一被正史记载而未颁行的历法。《隋书·天文志》记述了从汉魏至隋朝的浑仪、浑象、刻漏的发展情况，以及姜岌关于大气吸收和消光作用与何承天、张胄玄关于蒙气差的发现。《晋书》《隋书》天文志对日月食、流星、陨星、客星（新星年）、彗星及其他天象记录，也"搜罗至富，记载甚详"，被誉为"天文学知识的宝库"。

李淳风在数学方面的主要贡献，是编定和注释著名的十部算经。这十部算经后被用作唐代国子监算学馆的数学教材。

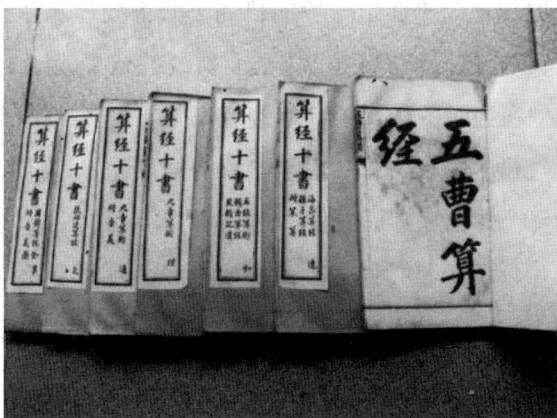

图 2 《五曹算经》

唐代在隋的基础上举办数学教育，并以算取士。显庆元年（公元656年）于国子监内设算学馆，同时着手选编算学教科书。李淳风负责编定和注释《五曹》《孙子》等著名的十部算经。十部算经又称算经十书，是指《周髀算经》《九章算术》《海岛算经》《孙子算经》《夏侯阳算经》《张丘建算经》《缀术》《五曹算经》《五经算术》《缉古算术》这十部数学著作。传本《周髀算经》，有赵爽注、甄鸾注等，当时虽被称为"算经"，但原文与赵爽、甄鸾的注文都有不尽完美之处。李淳风的工作纠正了这部书存在的缺点，使这部书趋近于完美。李淳风的注释指出了《周髀》中的三点重要错误：

一是《周髀》作者以为南北相去一千里，日中测量八尺高标杆的影子常相差一寸，并以此作为算法的根据，这是脱离实际的；

二是赵爽用等差级数插值法，来推算二十四气的表影尺寸，不符合实际测量的结果；

三是甄鸾对赵爽的"勾股圆方图说"有种种误解。

李淳风对以上错误逐条加以校正，并提出了自己的正确见解。更为重要的是，李淳风在批评《周髀》中的日高公式与"盖天说"不相符合的同时，重新依斜面大胆地的假设进行修正，从而成功地将不同高度上的重差测望问题转化为平面上一般的日高公式去处理，并且首次使中算典籍中出现了一般相似形问题，发展了刘徽的重差理论，使得"盖天说"的数学模型在当时的认识条件下接近"完善"。并在《麟德历》中重新测定二十四气日中影长，首次引入二次内插算法，以计算每日影长。

李淳风注释《九章算术》，是以刘徽的注本为底本的，但李淳风与刘徽作注的背景、环境都不相同。李注的目的是为明算科提供适当的教科书，注释以初学者为对象，重点在于解说题意与算法，对于刘徽注文中意义很明确的地方，就不再补注。如盈不足、方程两章就没有他的注文。但也有人认为是由于后人抄书残缺所致，如南宋鲍澣之说："李淳风之注见于唐志凡九卷，而今之盈不足、方程之篇咸阙淳风注文。意者，此书岁久传录，不无错漏。"[1]李淳风等在注释《九章算术》少广章开立圆术时，引用了祖暅提出的球体积的正确计算公式，介绍了球体积公式的理论基础，即"幂势既同，则积不容异"，这就是著名的"祖暅原理"[2]。在《缀术》失传之后，祖冲之父子的这一出色研究成果靠李淳风的征引，才得以流传至今。《海岛算经》是刘徽数学研究的独创成果，但刘徽著作的原文、解题方法和文字非常简括，颇难理解。李淳风等人的注释详细列出了演算步骤，从而给初学者打开了方便之门。

---

① 丁海斌. 中国古代科技文史献［M］. 上海：上海交通大学出版社，2015.
② 卢荫慈. 中国古代科技之花［M］. 太原：山西人民出版社，1983.

十部算经成为唐以后各朝代的数学教科书，对唐朝以后数学的发展产生了巨大的影响，特别是为宋元时期数学的高度发展创造了条件。在十部算经以后，唐朝的《韩延算术》、宋朝贾宪的《黄帝九章算法细草》、杨辉的《九章算术纂类》、秦九韶的《数书九章》等，都引用了十部算经中的问题，并在十部算经的基础上发展了新的数学理论和方法。后人对李淳风编定和注释十部算经的功绩，给予很高的评价。

唐高祖武德二年（公元 619 年），颁行了傅仁均的《戊寅元历》。由于《戊寅元历》的一些计算方法有问题，颁行一年后，对日月食就屡报不准。贞观初年，李淳风上疏论《戊寅元历》十有八事。唐太宗诏崔善为考核二家得失，结果李淳风的七条意见被采纳。李淳风为改进《戊寅元历》作出贡献，被授予将仕郎。贞观十四年（公元 640 年），李淳风上言：《戊寅元历》术"减余稍多"，合朔时刻较实际提前了，建议加以改正，这个意见又被采纳。贞观十八年（公元 644 年），李淳风又指出：《戊寅元历》规定月有三大、三小，但按傅仁均的算法，贞观十九年（公元 645 年）九月以后，会出现连续四个大月，认为这是历法上不应有的现象。于是唐太宗不得不下诏恢复平朔。改用平朔后，《戊寅元历》的问题更多，改革势在必行。

李淳风根据他对天文历法的多年研究和长期观测，于唐高宗麟德二年（公元 665 年）编成新的历法。经司历南宫子明、太史令薛颐、国子祭酒孔颖达参议推荐，唐高宗下诏颁行，并命名为《麟德历》。

图 3　推背图

在中国历法史上首次废除章蔀纪元之法，立"总法"1 340 作为计算各种周期（如回归年、朔望月、近点月等年）的奇零部分的公共分母。中国古历的"日"从夜半算起，"月"以朔日为始，而"岁"以冬至为始。古历把冬至与合朔同在一日的周期叫作"章"，把合朔与冬至交节时刻同在一日之夜半的周期叫作"蔀"。古历以十"天干"与十二"地支"纪年、日，如果冬至与合朔同在一日的夜半，纪日干支也复原了，则这个周期叫作"纪"；如果连纪年的干支也复原了，则这个周期叫作"元"。古代制历都要计算这些周期，但这些周期对历法计算并非必要，反而成为历法的累赘，李淳风毅然把它废除了。《麟德历》以前的各种历法都用分母各不相同的分数来表示各种周期的整数以下的奇零部分。这些周期，如期周（回归年）、月法（朔望月年）、月周法（近点月年）、交周法（交点月年）等，都是历法计算必须预先测定和推算的重要数据。因为这些周期参差不齐，计算十分烦琐，比较各种数据也很不方便，李淳风就立"总法"1 340 作为各种周期奇零部分的公共分母，这样，数字计算就比以前的历法简便得多。《畴人传》对此给予了高度评价。

重新采用定朔。《戊寅元历》虽首次采用定朔，但由于有关的计算方法未完全解决，又倒退到用平朔。为了使定朔法能站得住脚，《麟德历》改进了推算定朔的方法。李淳风早年仔细地研究过隋朝刘焯的《皇极历》，并撰写皇极历又一卷。刘焯在北齐张子信关于日行盈缩的观测结果的基础上，创造了推算日月五星行度的"招差术"，即二次函数的内插公式。李淳风总结了刘焯的内插公式，用它来推算月行迟疾、日行盈缩的校正数，从而推算定朔时刻的校正数。为了避免历法上出现连续四个大月的现象，他还创造了"进朔迁就"的方法。

《新唐书》卷二六所载的《麟德历经》说："定朔日名与次朔同者大，不同者小。"[①]这里日名指纪日干支中的"干"。还规定："其元日有交、

---

① （宋）欧阳修，（宋）宋祁. 新唐书卷 23 下-卷 40 ［M］. 长春：吉林人民出版社，1995.

加时应见者，消息前后一两个月，以定大小，令亏在晦、二，弦、望亦随消息。"①消息是消减与增长的意思。按这一规定，就可以做到"月朔盈朒之极，不过频三。其或过者，观定小余近夜半者量之"②。这就是说，用改变一月中未满一日的分数（即小余年）的进位方法，来避免历法上出现连续四个大月或小月。但应指出，这种"进朔"法是为了避免历书上出现连续四个大月而人为迁就之法，并不是日月运动规律的正确反映。按近代的推算方法，采用定朔就有可能连续出现四个大月。

《麟德历》的最大缺点是不考虑岁差。晋代虞喜发现岁差后，祖冲之首先把它用于制历，大大提高了历法的精密度。此后，隋朝张胄玄的《大业历》、刘焯的《皇极历》、唐初傅仁均《戊寅元历》都考虑了岁差。但李淳风却利用《尧典》四仲中星的内在矛盾，根本否认岁差存在。他与数学家王孝通一起责难《戊寅元历》考虑岁差，致使"岁差之术，由此不行"。后在唐玄宗开元十六年（公元 728 年），张遂在编制《大衍历》时，才重新考虑岁差。

《麟德历》为完成中国历史上采用定朔这一改革作出重要贡献。"近代精数者，皆以淳风、一行之法，历千古而无差，后人更之，要立异耳，无逾其精密也。"此说虽有溢美之词，但由此可见《麟德历》对后世历法的重大影响。它作为唐代优秀历法之一，行用达六十四年（公元 665 年至公元 728 年）之久。《麟德历》还曾东传日本，并于天武天皇五年（公元 667 年）被采用，改称为《仪凤历》。

《乙巳占》10 卷，是李淳风的一部重要的星占学著作。中国古代许多著名的天文学家都涉猎星占，受其父的影响，李淳风"幼纂斯文，颇经研习"。他相信"政教兆于人理，祥变应乎天文"，故于天文、星占情有独钟，《乙巳占》即是李淳风"集其所记，以类相聚，编而次之"所成。李淳风于书中"采摭英华，删除繁伪"，全面总结了唐贞观以前各派星占学说，经过综合之后，保留各派较一致的星占术，摈弃相互矛盾部分，

---

① （宋）欧阳修，（宋）宋祁. 新唐书卷 23 下-卷 40 ［M］. 长春：吉林人民出版社，1995.
② （后晋）刘明. 旧唐书 第 04 部 ［M］. 长沙：岳麓书社，1997.

建立了一个非常系统的星占体系，对唐代和唐代以后的星占学产生了很大的影响[①]。作为一部重要的文化史典籍，《乙巳占》中除去星占方法和应验情况外，还保留许多科学史料。如天象的记录，天象的描述，当时分至点的位置，浑仪的部件及结构，岁差的计算值，等等。《乙巳占》卷一以《天象》为第一，列举八家言天体象者而独取浑天。在《天数第二》一节中给出了关于天球度数、黄道、赤道位置、地理纬度（北极出地年）及其相应的计算公式。李淳风在《麟德历》中没有采用岁差，而被后人叹之为"智者千虑之失"。但在《乙巳占》中李淳风却明确地论述岁差的存在。

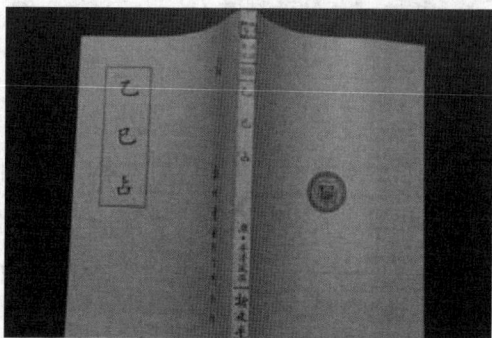

图4 《乙巳占》

在《乙巳占》中，李淳风对奇异天象的描述很有特色。如按字义猜，今人会把飞星、流星当成同一天象的两种说法，李淳风则清楚地说明了它们的区别，书中写道："有尾迹光为流星，无尾迹者为飞星，至地者为坠星。"《乙巳占》对彗孛也给出了清楚的差别："长星状如帚，孛星圆如粉絮，孛，孛然。"[②]飞流与彗孛各是流星与彗星，但一字之差却带出了形态之别，对于了解流、彗星运动方向和物理状态是很有参考价值的。

除了天文占之外，《乙巳占》中的气象占和候风法还记下了重要的气象现象。李淳风在《乙巳占》中比较详细地介绍了两种风向器。一种是"于高迥平原，立五丈长竿，以鸡羽八两为葆（羽盖年），属于竿上，以

① 张爱国. 神秘的古候 [M]. 南宁：广西人民出版社，2013.
②（唐）李淳风. 乙巳占 [M]. 上海：上海古籍出版社，1996.

候风"①。另一种是："可于竿首做盘，盘上作木乌三足，两足连上，而升立一足（古代神话相传太阳中有三足乌年）系羽下而内转，风来乌转，回首向之，乌口衔花，花旋则占之。"②这两种风向器，与汉代史籍中记载的"倪"（在长杆上系以帛条或乌羽而成的简单示风器年）和"相风铜乌"（乌状铜质的候风仪年）非常相似。《乙巳占》中还保留了重要的历法数据，已有学者据此考证出李淳风早年撰写的另一部历法《乙巳元历》和《历象志》。

李淳风对气象学的贡献，还表现在他对风的观测和研究方面。在封建社会初期，对风的观测已比过去更为详细了。由风的 4 个方位发展到了 8 个方位，因之有八风之名。李淳风在观测研究和总结前人经验的基础上，进一步把风向明确定为 24 个。他还根据树木受风影响而带来的变化和损坏程度，创制了八级风力标准，即：动叶、鸣条、摇枝、堕叶、折小枝、折大枝、折木飞砂石、拔大树和根。大约经过四百多年，《乙巳占》传到欧洲，英国学者蒲福在李淳风的基础上，又把风力分为零到十二级共十三级别。

浑仪是古代观测天体位置和运动的重要仪器。唐太宗贞观初年，李淳风"推验七曜，并循赤道。今验冬至极南，夏至极北，而赤道当定于中，全无南北之异，以测七曜，岂得其真？"在历法计算中，要按黄道度推算日月五星的运行，才能既简便又精确地算出朔的时刻、回归年长度等重要数据，于是他在总结历史经验和现实问题的基础上，建议制造按黄道观测日月五星运行的浑仪。唐太宗采纳了这一建议，下令制造李淳风所设计的浑仪。贞观七年（公元 633 年），此仪制成。据《新唐书》卷三一记载，浑仪为铜制，基本结构是："表里三重，下据准基，状如十字，末树鳌足，以张四表。"浑仪的十字形"准基"是一种校正仪器平准的装置，它是根据后魏晁崇、斛兰发明的浑仪上的"十字水平"制造的，

---

① （唐）李淳风. 乙巳占 [M].上海：上海古籍出版社，1996.

② 同①

采用这一装置可以提高仪器的观测精度。浑仪三重中的外重叫六合仪，有天经双规、金浑纬规、金常规，即子午环、地平环、外赤道环，上列二十八宿、十日、十二辰、经纬三百六十五度；内重叫四游仪，"玄枢为轴，以连结玉衡游筒而贯约规矩。又玄极北树北辰，南矩地轴，傍转于内。玉衡在玄枢之间而南北游，仰以观天之辰宿，下以识器之晷度。"可见四游仪包括一个可绕赤极轴旋转的四游环和一个望筒（即玉衡年），望筒能随四游环东西旋转，又能南北旋转，可指向天空任一位置，测定星体的赤道坐标。这两重的基本结构在孔挺的浑仪上已经有了。

李淳风对浑仪的重大改革在于：在外重六合仪与内重四游仪之间，嵌入了新的一重——三辰仪。三辰仪"圆径八尺，有璇玑规、黄道规、月游规，天宿距度，七曜所行，并备于此，转于六合之内"。北宋沈括说："所谓璇玑者，黄赤道属焉。"[1]可见三辰仪中有黄道环、内赤道环，还有白道规，即表示月球轨道的规环。三辰仪也能旋转，它是为了实现按黄道观测"七曜所行"而加上的。

图 5　李淳风改进浑仪

李淳风的浑仪仍然是一个赤道式装置，它除了可测得去极度、入宿度（即赤经差年）、昏旦夜半中星外，还能测得黄经差和月球的经度差等，只是测得的黄道度不准确，所以它只能部分地解决按黄道观测七曜所行

---

① 陈久金. 中国古代天文学家［M］. 北京：中国科学技术出版社，2013.

的问题。

《隋书·天文志》还记述了前赵孔挺制作的浑仪的结构和用途，这是中国历史上首次出现的关于浑仪具体结构的确切记载。李淳风在中国历史上第一次把浑仪分为六合仪、三辰仪、四游仪三重，其影响相当深远。唐开元十一年（公元 721 年），一行与率府兵曹梁令瓒制作了一科黄道浑仪，也是三重之制。北宋周琮、苏易简、于渊制作的"皇祐浑仪"（公元 1050 年），也基本上是按李淳风的设计制造的。北宋末，苏颂、韩公廉制作了一架包括浑仪、浑象、报时装置三大部分的天文仪器（公元 1096 年），其浑仪部分也与李淳风的浑仪大体相同。

李淳风一生著述颇丰，除《五代史志》，还有《乙巳占》、《皇极历》一卷、《悬镜》十卷、《文史博要》、《典章文物志》、《秘阁录》十几部，并对《齐民要术》《本草》等几十部书籍进行过校注。

第七节　僧一行：观天测地量子午

僧一行，俗名张遂，（公元 682 年—公元 727 年）法名一行，号大慧，魏州昌乐（今河南省南乐县）人，唐代名僧，著名天文学家、计量学者。

永淳二年（公元 682 年）十二月四日改元弘道，大赦天下，就在这一年唐朝计量史上的一颗明星诞生了。开元九年（公元 721 年），一行与府兵曹参军梁令瓒一道设计黄道游仪，并制成木模。一行决定用铜铁铸造，并于开元十一年（公元 723 年）完成铸造。这架仪器的黄道不是固定的，可以在赤道上移位，以符合岁差现

图 1　一行像

象（当时认为岁差是黄道沿赤道西退，实则相反）。

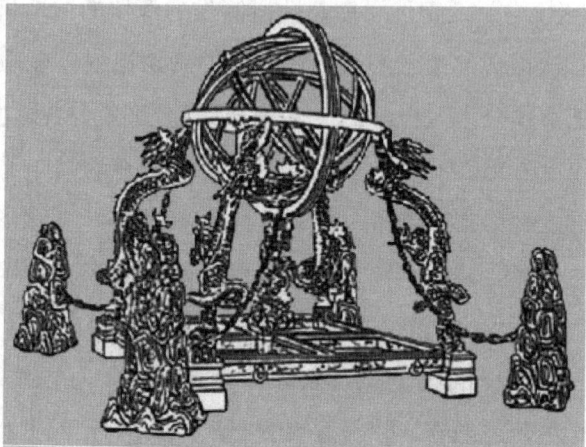

图 2　黄道游仪

　　黄道游仪在设计上的成功，解决了无由测候的矛盾，并且奠定了编写《大衍历》的技术基础。一行以新制的黄道游仪观测日月五星的运动，发现这些恒星的位置同汉代所测结果有很大变动。

　　水运浑天仪是一具依靠水利而使运转，能模仿天体运行的仪器，并可以测定时间。一行改进了汉代科学家张衡的设计，注水激轮，令之自转，昼夜一周，除了表现星宿的运动以外，还能表现日升月落，用于测定朔望、报告时辰，十分精确。比张衡的水运浑象仪更加精巧、复杂了。所以，当水浑天仪造成之后，置于武殿前，文武百僚观看后，无不为其制作精妙，测定朔望、报告时辰准确而叹服。

　　水运浑天仪与《晋书》中所记载的记里鼓车有异曲同工之妙。其上设有两个木人，它们是运用机械原理而制成的古代机

图 3　水运浑天仪

126

器人，一个木人每刻（古代把一昼夜分为一百刻）自动击鼓，一个木人每辰（合现在两个小时）自动撞钟。它是世界上最早的机械时钟装置，比公元1370年西方才出现的威克钟要早六个世纪，在时间计量上充分显示了中国古代劳动人民和科学家的聪明才智。

一行主张在实测的基础上编订立法，因此设计了黄道游仪，而在此基础上，一行于开元十三年（公元725年）起，开始编历。经过两年时间，编成草稿，定名为《大衍历》。《大衍历》比唐代已有的其他历法都更精密。开元二十一年（公元733年）传入日本，行用近百年。

一行改历后，组织发起了一次大规模的天文大地测量工作，并亲自测量数据，进行分析计算。这次测量，用实测数据彻底地否定了历史上的"日影一寸，地差千里"的错误理论，提供了相当精确的地球子午线一度弧的长度。

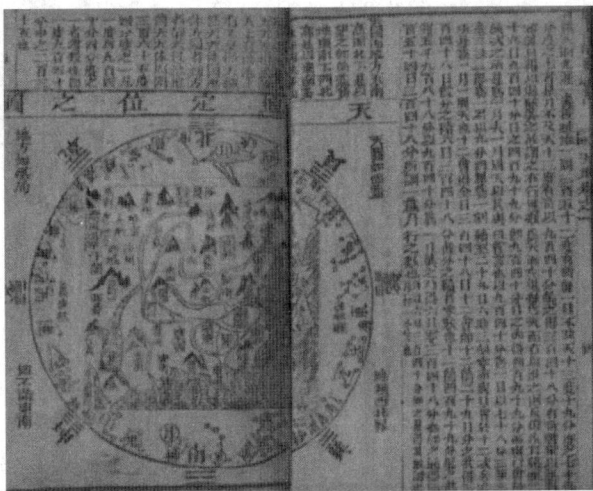

图4 《大衍历》

一行于公元724年主持全国范围内的大规模天文大地测量，在世界上首次用科学方法实测了地球子午线，在科学发展史上具有划时代的意义。一行于公元725年还在世界上最早发明了用于钟表控制的核心部件"卡子（纵器）"，这项发明至少早于西方类似的发明600余年。由于不同朝代度量衡标准并不统一，一行的测量值与现代值相比，相对误差大约为 11.8%。当时测量的范围很广，超出了现在中国南北的陆地疆界。这样的规模在世界科学史上都是空前的。

第八节　瞿昙悉达：复现天文奇书

图 1　瞿昙悉达像

　　瞿昙悉达，中国唐代天文学家，世居长安。生于唐高宗时代（公元七世纪下半叶），卒于唐玄宗年间（公元八世纪上半叶）。据《通志》及《姓纂》称，瞿昙氏为西域国家的姓，墓志铭称其祖瞿昙逸"高道不仕"。从这两点和这一家族熟谙印度天文历法等来判断，瞿昙悉达祖籍印度，其先祖是由天竺国移居中国的。瞿昙悉达的爷爷叫瞿昙逸，父亲叫瞿昙罗。瞿昙家族的好几代人在国家天文机构里供职，担任过太史令、太史监或司天监，时间长达 110 年之久。人们把瞿昙悉达称为"瞿昙监"，由他这一派所创立的天竺历法称为"瞿昙历"。

　　瞿昙悉达计量方面主要成就：

　　第一，在《开元占经》卷一中记载，唐睿宗景云二年（公元 711 年），瞿昙悉达奉敕作为主持人，参加修复北魏晁崇所造铁浑仪的工作，并于唐玄宗先天二年（公元 713 年）完成。

　　第二，在《旧唐书·天文志》中记载，瞿昙悉达于唐玄宗开元六年（公元 718 年）奉敕翻译印度历法《九执历》，介绍了当时印度的天文学，包括日月运动和日月食计算法等。引进的内容还有：分周天为 360 度、一度为 60 分的圆弧量度制；以 30 度为一宫的黄道十二宫，称为"十二相"；用一点表示十进位数字中的空位"零"；以两月为一季，一年分六季，称为"六时"的印度季节分法；三角术的正弦函数。这是唐代首次引入西方角度计量分录体系。这部历法后来被录入了《开元占经》。

第三，编撰《开元占经》。《开元占经》的修撰，是瞿昙悉达一项意义重大的工作。通过这部著作，中国上古、中古时代许多宝贵的天文资料得以保存下来。何时编撰《开元占经》虽史无明文，但据薄树人考证，瞿昙悉达大概在开元二年二月之后奉敕编撰《开元占经》，至于编成时间，则不会晚于开元十二年。《开元占经》编撰完成以后，传世却极少。之所以没有被广泛传播，主要还是统治阶级害怕有人拿这本书里的内容结合天象来"妖言惑众"，危及自己的统治。

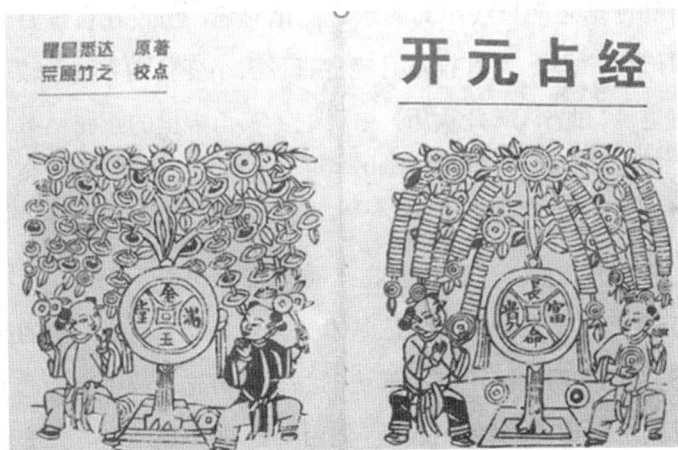

图 2　《开元占经》

天文奇书《开元占经》，全名《大唐开元占经》，清人又或名《唐开元占经》，成书时间约在公元 718 年—公元 726 年。唐朝以后，《开元占经》一度失传，所幸在明末又被人发现，才得以流传。《开元占经》共 120 卷，保存了唐以前大量的天文、历法资料和纬书，还介绍了 16 种历法有关纪年、章率等的基本数据。在书中，各种物异和天文星象等方面的术语很多。这本书在天文史上很有研究价值。

《开元占经》中还主要记载了《九执历》术文。《九执历》是一部印度历法。九执是指日、月、五星这七个天体和罗睺、计都二颗"隐星"，罗睺、计都实际上并不是星，而是月亮轨道与太阳轨道相交的两个交点。印度天文学家中把它们看作"隐星"。《九执历》原来面目如何，已无可考。《开元占经》所载主要是有关日、月运动和日、月食预报的计算方法。印度天文学曾经受到希腊天文学的影响，在计算天体运动时采用了黄道坐标系和几何学方法，和中国采用赤道坐标系及代数方法大不相同。《九执历》中的基本天文数据中有若干较之中国略有逊色，但其方法和概念也有许多长处。例如，中国古代历法中一直没有分辨出太阳运动的近地点和冬至点、远地点和夏至点的区别，而《九执历》则定出远地点在夏至点之前十度，这是符合当时天文实际的。又如，中国古代历法中不考虑日、月和地球之间直线距离的远近变化问题，所以在日、月食的计算中有局限，《九执历》则有推算月亮视直径大小变化的方法，较中国古代历法有所进步。此外，《九执历》中引进了三角学里的正弦函数算法和正弦函数表，这在中国古代数学中也是一个新事物。总之，《九执历》的传入是中国与印度科学交流史上的一件大事，而这件大事的价值都只有《开元占经》才能为我们提供评价的具体依据。

《开元占经》记录的古代历法基本数据对《二十四史》中的有关记载有所补充。《二十四史》中有多部史书辟有"历志"或"律历志"卷，记载有关时代所用历法的种种情况，但由于各种原因，有些历法留下来的记载很少，而《开元占经》卷一·五《古今历积年及章率》中所记有不少可为史书资料作补充。例如，晋代北凉地方行用的赵歐《玄始历》是一部重要的历法。它首先改革了古代历法中十九年里安排七个闰月的规律，创立了600年中安排221个闰月的新规律，由此促进了古代历法中朔望月和回归年时间长度数据精确性的提高。可是这个历法在古书中记载极少。只有《开元占经》中记述了这个历法的一些基本天文数据，才使我们对它有所了解。又如汉代太初历以前有所谓古六历，后人只知它们都是一种四分历，但它们的历元是哪一年，却仅见于《开元占经》。《开元占经》中保存了大量已失传的古代文献资料。据初步统计，《开元占经》中摘录有现已失传的古代天文学和星占学著作共约七十七种，纬书共约八十二种。这些佚书在其他古籍中间或已有记载，但完全不如《开元占经》丰富。如有关纬书，明代曾有一位学者孙珏从许多唐宋古籍中辑录出一部纬书辑佚集，题为《古微书》。然而，自《开元占经》重新发现后，清朝人所辑的《玉函山房辑佚书》等所辑纬书篇幅超出了《古微书》好几倍。至于天文学和星占学的著作，则还没有人全面重新辑佚过。此外，《开元占经》中还摘有若干现已佚失的经学、史学和兵家著作。总之，可以说，《开元占经》作为保存古代文献的著作来说，称得上是一座宝库。

第四章 五代至宋元时期计量人物

宋朝经济曾有过比较繁荣兴盛的时期，农业产量提高，手工业、商业也呈现出一片繁荣景象，瓷器远销海外，科学技术居世界领先地位。中国航海史上首次使用先进导航仪器——指南罗盘也出现在宋期，对世界航海技术的进步起到了革命性的影响。这一时期的度量衡有两个引人注目的新的发展变化。一是随着当时金银出纳之风渐盛，权衡计量的方法益趋精细，计量单位要求尽量小，于两、钱之下又定有分、厘、毫等单位（分、里、毫由度天而来）；二是量器比古时大三倍多，南宋末贾似道当政时，改为上口小、下底大的方形之斛，使用起来更加准确。公元976年宋太宗即位，再次下诏书统一度量衡，当时掌管国库的官吏首先检验了国库中所收藏的各种标准器，发现多有失准，造成使用中产生许多弊端和争讼。经过反复研究后创制了一种小型精巧的杆秤。为了保证其称量准确，秤分成两种规格，以便相互校准。

元朝基本上沿用了宋朝原有的典章制度，宋朝度量衡由国家规定专管商务贸易的太府寺掌管，禁止民间私造。《元典章》中规定："凡斛斗秤尺，须行使印格。官降法物。"[1]当时标准器的制作由工部完成，还规定凡改年号即铸造器具颁至全国。这一点在元代秤上反映得十分突出。

---

[1] 中国书店. 元典章 [M]. 北京：中国书店, 1990.

迄今收藏在各地博物馆的元代秤锤甚多，仅所见就有 300 余件，其中有年号的 247 件。后来由于官吏贪污舞弊，大进小出，度量衡的混乱现象又日趋严重。

第一节 张思训：天文界天使

张思训（公元 947 年—公元 1017 年），四川（现巴中市恩阳区）人，北宋天文学家。宋太平兴国四年（公元 979 年），张思训造出以水银（避免温度变化影响）为动力流体的水运"浑象"。后来宋太宗命人于皇宫内打造，一年有成，放置文明殿东鼓楼下，命名为"太平浑仪"。到了苏颂时（公元 1088 年）已经毁损，无人知其制法。

图 1 张思训像

太平浑仪用水银作动力，是世界上使用水银于机械仪表的始祖。自落下闳创造浑天仪之后，最初用人力推动运转，后来改用水力。但是人们在实践中发现，运转以水，至冬中凝冻迟涩，遂为疏略，寒暑无准。这样对于报时、定节气、造历的准确性影响极大，进而影响到人民的生产和生活。面对浑天仪动力出现的新课题，张思训进行了许多试验和探索，最终找到用水银代替水作动力。因为水银的内聚力很强，特别是具有在空中保持稳定的性能，可保证浑天仪正常的运转。在浑天仪上安装计时器，是我国唐代天文学家一行、梁令瓒的发明。他们在水运浑天仪上安装擒纵器，指挥两个木人按时击鼓、敲钟，产生了世界上最早的机械时钟。

太平浑仪在计时器的基础上进行了较大的改革，由擒纵器指挥的自动报时和击钟鼓的木人成倍增加，并把报时和击钟鼓分离为两个系统，即"七值神左摇铃，右扣钟，中击鼓，以定刻数。每一昼夜，周而复始。又为十二神各值一时。至其时，则自执辰牌，循环而出，随刻数以定昼夜短长"。《宋史·天文志》称："其制与旧仪不同，最为巧捷。"[①]。袁绹《枫窗小牍》赞："新制成于自然，尤为精妙。"[②]

"太平浑仪"这一伟大发明，让人类告别了混沌，走进理性科学时代，在世界天文史、机械制造史上留下了不朽的丰碑，影响久远，更为世界航天事业提供了智慧与启迪。

张思训出身唐末官宦之家，书香门第，当时豪杰烽起，称霸争雄，兵马横行。但张思训是幸运的，他赶上了"中国中世纪结束和近代开始的好时代"。张思训13岁时赵匡胤建立了北宋政权，结束了乱世纷争和军人治国的"刀枪"历史，有力地推动教育、科技、农业、市井文明迅猛发展。时代的契合造就了张思训热爱生活、向往自然、崇尚实践的秉性；良好的家风，滋养出勤奋好学、敏行巧思的特质；独特的环境历练出道技精湛、成就辉煌的专功。"日有千人拱手，夜观万盏明灯"的老龙潭，是恩阳河"黄金水道"上的良港，"米仓古道"上重要的水码头。老龙潭南岸的石城堡雄踞四邻，三面环水。在石城堡上举目远眺，恩阳河逶迤北来，活灵活现出一幅阴阳"太极图"；青州坝田畴如织，恰如一篇巧夺天工的锦绣文章。通江达海的船工架橹扬桨，形似千人拱手；潭侧大石盘上大小"石臼"星罗棋布，如繁星布阵，月光照在"石臼"水面上，反射出道道光芒，犹如万盏明灯。尤以日潭、月潭、转盘石（天眼）为奇，鬼斧神工蕴含无限玄机。得天独厚的自然环境，为张思训搭建了探索未知的舞台。他自小就夜卧天眼石看星星，到石城堡上观天象，寒暑未断，并仔细记录、探寻规律。据张思训自述："观天象五年昼夜，风雨未辍，终制成矣。"家庭人文环境和自然地理环境为张思训的成功打下

---

① （民国）蔡东著. 宋史 [M]. 北京：九州出版社，2008.

② 刘德仁，沈庆生，王家楼. 四川古代科技任务 [M]. 成都：四川人民出版社，1980.

了坚实基础。

老龙潭南侧岸有一约 7 000 平方米的巨大石盘，是船只的露天修造厂，距张思训住宅仅 100 米。这是他孩童时期主要的玩耍处。他从小耳濡目染，对造船工匠不起图样、不划墨线、胸有成竹的匠心绝技十分敬佩，遂拜师学艺。据张思训的裔孙张九信、张九兴、张学焕及民国时恩阳船运同业工会的舵把子张九雷、杨明伦回忆，"训祖"（张思训宗亲对他尊称）总结出的在不同时节根据不同天象预测风雨雷电的农谚流行巴江渠水，应验无讹，为后人遵循传承。"莫撞打头浪，航行两边才稳当""乌云压顶，停船莫等"的行船禁忌俚语，在水陆码头有"小上海"之称的恩阳，被奉为经典乃至神话。船过险滩时用以挂帆、抛锚的纹盘机等诸多具有现代科学痕迹的航运设备都是出自"训祖"之手。这些实践经验的总结为他革新创制浑天仪奠定了坚实的基础。

张思训潜心观天象、致力探寻天文物候征象十数年如一日，躬身践行，执着坚守，探寻天体星象、四季征候、十二时辰运行规律，积累了一系列天文学知识。在乡邻们眼里他是一个"懂天"的人，被奉为"奇才"。但张思训自知，他所见所学乃沧海一粟、冰山一角，无数个为什么更引起了他探求天文学的浓厚兴趣。北宋兴国二年（公元 977 年）宋太宗下诏招纳民间天文人才。乡贤举荐张思训应试，张思训不负众望，考试优秀，被选入北宋京城（开封）国子监研修天文。从此，张思训如鱼得水，潜心深学苦研，真正开启了他天文人生的航程。张思训格外珍惜这一报国机会，对司天监收藏的自东汉、三国、南北朝至唐代造出的浑象、浑仪等孜孜不倦地鉴赏、探究。特别对家乡附近阆中的汉代落下闳、唐代的李淳风创制的浑仪、浑天黄道仪格外心仪、倾慕，对结构原理观察分析尤为精细，琢磨互鉴，兼收并蓄，扬长避短，为革新"浑天仪"奠定了基础。经过两年的刻苦钻研，张思训终于设计出了新型的水运（水银替代水）浑天仪模型，于公元 979 年正月进献宋太宗（赵匡义）。太宗盛赞，令"如式密制"。公元 980 年制成置于都城文明殿钟鼓楼。

革新后的浑天仪机，设置"五轮"（枢轮、地轮、横轮、侧轮、斜轮），齿轮传导；继置"三关"（定身关、中关、小关）；"七值神"左摇铃、右扣钟、中击鼓，以定刻数昼夜周而复始，又置十二神（12 时辰），至其时执时辰牌循环而出，以定昼夜短长；再置天顶、天牙、天关、天指、天把、天东、天来、天条、布三百六十度，为日月、"五星"（金、木、水、火、土）、紫微宫、列宿、斗、建、黄赤道，以日行定寒暑进退[①]。它是一座"法天象地"，具有天象显示与计时功能的新型天文仪表，这种机械转动与水银滴注，能与天体时空运行同步，又能保持恒定速度，同天体不差，构造"巧捷"，测量"精准"，是功能齐备的天文钟雏形，宋太宗亲自提名为"太平浑仪"，念其至伟殊功，翌年张思训被封为司天丞。

张思训为中国古代浑仪的机械化、自动化作出重大贡献，具有划时代意义，这一殊功属于中国，更属于世界。他制作的"浑天仪"具有大量的现代科技元素，以齿轮转动代替人力操作运行，用水银替代水推动"五轮"，革除了寒暑无准的弊端；置"三关"作操纵器，可以控制"地轮"的惯性运动。再则，增添了木制的"七值神""十二神"报时辰设备。这一创造发明，比意大利人托里拆利 1643 年制造的世界第一台水银气压计早 664 年，比 1370 年第一台计时钟威克钟早 390 年。法国天文学家普赖恩将张思训誉为"从天文学世界下凡的天使"[②]。美国罗伯特 K.G.坦普尔《中国发明与发现的国度》一书中坦言："天文、载人航天等一系列科学技术与创造发明，是西方受惠于中国。"[③]

可惜，有关张思训仪象《宋史·天文志》、巴中历代史志中的文字记载过于简略，无人知其制法，更无图样供后代研究。据张思训裔孙口传，"训祖"造的浑天仪，留存于清代"圆明园"，可与后世"大水

---

① 郭福祥. 时间的历史映像［M］. 北京：紫禁城出版社，2013.

② 李豫. 钟表春秋［M］. 北京：学术期刊出版社，1988.

③（美）罗伯特 K.G. 坦普尔. 中国：发明与发现的国度 中国科学技术史精华［M］. 南昌：二十一世纪出版社，1995.

法"媲美，后被八国联军焚毁，令人惋惜。张思训研制"浑天仪"的档案资料辗转流入英国，开启了西方的航空、航天征程，英国人奉他为"航天之父"。

张思训一生致力于宇宙天体的探索研究，20多年风餐露宿与星辰为伴，奋斗不止，而立之年考入当时研习天文的最高学府，后任司天丞32年，建树了不朽伟业，年近古稀，致仕返乡。公元1012年他荣归故里，五年后与世长辞，享年72岁，归葬老龙潭红碑陵，建七孔券石墓塚，墓前建碑亭立直板碑，今字迹风化湮灭。新船下水或舟楫远航必到"训祖"墓前祭拜，成为当地船帮之行规。南宋隆兴年（公元1163年—公元1164年）间，老龙潭张氏宗亲鸠工建了一处张氏祖祠，宏阔壮观，竖双斗桅杆，庭堂壮阔，历代朝廷州府官衙诰赠赏赐的"明伦堂""留侯世家""七叶侯封""大夫第"四道金匾高悬门楼，彰显祖德殊功，"留侯世家""大夫第"金匾尚存张氏宗祠。

张思训的故事，对后世影响颇为深远。特别是他好学善思、执着坚毅和精益求精的态度对后世老龙潭张氏族人影响巨大。据考，老龙潭张氏自宋朝以来，或廪或庠或仕或宦者近200人。其中明成化十一年（公元1475年），张本获乙未科殿试二甲第48名，赐进士出身，后任云南巡抚；成化十七年（公元1481年），张铨获辛丑科殿试二甲第77名，赐进士出身，后任云南布政使；明万历四十一年（公元1613年），张弦获癸丑科殿试三甲第266名，赐同进士出身，后出任湖广布政使；清乾隆进士张煌任原广东钦州知州。明末清初张弦之孙张述为避张献忠屠川逃往汉中，后追随肃王豪格征战张献忠有功，赐夔州府典吏，后任渠县县丞，致仕后享受"逢人不下马，见官高一级"的特殊待遇。

南宋初在张思训常年观天象的石城堡建起了"宝元寺"（川东北久负盛名的佛家圣地）。张思训的"观天石"及雕像，古今都被世人顶礼膜拜，敬若神灵。巴中人民为纪念这位享誉世界的伟大天文学家，1984年在南龛公园建立司天台阁楼，雕像一尊并撰联颂扬：问当年北宋天文学家谁优，是巴中人横操宇宙；喜今日南兖司空仪台新建，唯思训公独占江山。并将巴城连接南北交通枢纽大街命名为"张思训大街"。2019 年张思训故里通航，并将张思训观天象的"老龙潭""石城堡"建成一处江城公园，供人们瞻仰、怀念。张思训体国忧民、追求执着、至诚规天矩地的高尚人格和崇高精神力量影响着中国人民的精神塑造，必将永远受到人民怀念、敬仰、歌颂。

第二节　刘承珪：精心造戥称

图 1　刘承珪像

刘承珪（公元 949 年—公元 1012 年），楚州山阳（今江苏淮安）人，字大方。他掌管内藏三十年，对度量衡很有研究，为宋朝的权衡改制作出了突出的贡献。在对历代度量衡考证和研究中，刘承珪发现权衡器从"一钱至十斤共五十余种，轻重无准"，经过反复校验，创制了两种小型精密的戥子，作为国家级的标准器。

刘承珪创制的戥秤，称量比一般杆秤精确，深受行市、商贾欢迎，成为此后称量金银、药物等贵重物品的专用工具而沿用了近千年。

与天平相比，杆秤的优点是量程大、制造携带方便，因此杆秤发明后很快得到推广和普及。但是杆秤也有一些不足之处，如感量不够灵敏，精确度不是很高，一般情况下只适合于称日常生活用品或征收粮草赋税等，而称金银、珠宝、药材等贵重物品，仍离不开天平。

北宋初为了控制地方财政，中央下令各州郡的税收，除地方留必要的开支外，所有的钱币（银两）、绢帛都要送至京师。太平兴国二年（公元 977 年）前后，连续发生内库和外府受纳各州县上缴的银两、账目出现差错的情况。一度只归结为斗秤仓吏欺压秤盘，贪赃为奸。为此入狱乃至家破人亡者甚众，案件查办达 11 年之久，仍无实据。至景德年间（公元 1004 年—含公元 1007 年），宋真宗赵恒下诏重新划定度量衡，令掌管皇族内府库藏的官吏刘承珪负责办理。刘承珪检定了当时宫廷所藏最高一级标准砝码，从一钱至十五斤的五十余枚，经过反复校验后，发现这些器具本身并没有一个统一的标准，而在宫廷外，政府向地方收取金银税赋时，则要求自毫厘计之。由于官府所藏砝码最小量值仅始于钱，标准又无定制，致使弊端重生，百姓叫苦不迭。刘承珪经过一番调查研究后，提出要整改度量衡必须追本溯源，参照历代的记载和实物，重新制定权衡标准。秦汉时重量最小单位是黍，10 黍为 1 累、10 累为 1 铢、24 铢为 1 钱，久而久之逐渐约定俗成，"钱"作为一个重量单位而通行了，继而十钱为一两的进位制被官民习用。到了宋代初期，这两种单位仍并用。刘承珪正是利用了这两种衡制，来重新校准权衡标准的。第一步：废除黍、累、铢这些非十进位的古制，正式确定 10 钱为 1 两，钱以下设分、厘、毫，均为十进位。第二步：采用古今两种不同的单位制相互校准，以求得统一的单位量值。具体做法是以一两为基数，精心制造 4 支不同称量的杆秤。以其中两支为例，一支以两、钱、分、厘为单位，另一支以两、铢、累、黍为单位，每一支秤都有 3 个提，以便扩大量程。我们仅各取其中一支，以中纽为例，简单加以说明。第一种：从零点至秤梢量程是一钱，以秤星为分度线，錾成十等份，每一份准为一分，每一分再折成十厘，这样就可以得到钱、分、厘、毫的量值了。第二种：从零至杆梢为五钱，錾成十二等份，每等份为一铢，每铢之间折成五等份，每一等份为五累，用两支特制的小杆秤，相互校准小量值的砝码，再用淳化年间制造的铜钱，选出其中每枚重量为二铢四累（一钱）的标准钱币共 2 400 枚，又用这些标准钱去校准 15 斤秤。经过这样反复校量，终于建立了一套更为合理、精确的权衡标准器。《宋史·律历志》详细记载了当时建立这一套国家级权衡标准的每一个具体步骤和方法，这些文字资料从另一角度说明了我国古代建立度量衡标准时，是通过各种途径、采用各种方式去追求、去探索的。

图 2　刘承珪精心研制戥称

第三节　曾公亮：妙用时空计量

曾公亮（公元 999 年—公元 1078 年），字明仲，泉州晋江（今属福建）人。举进士，历集贤校理，知制诰兼史馆修撰，开封知府。嘉祐初，擢参知政事，除枢密使。六年（公元 1061 年），拜同平章事。仁宗末，与宰相韩琦请建皇储。英宗患疾，奉诏立太子，即为神宗，及即位，加门下侍郎兼吏部尚书。以老辞位，拜司空兼侍中，后判永兴军。以太傅致仕，卒，赠太师、中书令，谥宣靖。曾公亮的一生，经历了真宗、仁宗、英宗和

图 1　曾公亮像

神宗四朝，但他的主要活动是在仁、英宗两朝和神宗朝前期。

曾公亮身上的标签实在太多，而且每个标签都是响当当的。作为政治家，他位极人臣，是北宋仁宗、英宗和神宗时期的三朝元老，影响力超强。他也是王安石变法的早期支持者。他提出的官员升迁考查法（"三考有善政者，则升其官资，两任有善政者，则升其任使，无成绩者则罢黜"）及时理清了北宋吏治混乱的局面。他提出的裁兵方案大大减少了财政支出。难怪当时皇帝高度评价他道："公亮谨重周密，内外无间，受遗辅政，有始有卒，可方汉张安世。"[①]其实，除了曾公亮本人是政治家，他的儿子、孙子、曾孙和从孙等也都是著名政治家。他的次子曾孝宽官至北宋副宰相，也是一位著名诗人。曾孙曾怀又是南宋宰相，特别擅长经济管理，被皇帝赞为"当朝萧何"。从孙曾从龙不但是南末状元，还是宰相，更是文学家。由于曾公亮一家至少有四位宰相和一位状元，所以被后世誉为"曾半朝"。

作为思想家，曾公亮的思想，特别是军事和外交思想，对宋朝及后世都产生了重要影响。在外交方面，他主张"治天下之根本，需先怀柔，后征伐，否则师出无功，敌寇愈加猖狂而劳损官军"。在选择军事将领方面，他主张"择将之道，惟审其才而用，不以远而遗，不以贱而弃，不以诈而疏，不以罪而废"，还主张"选将必先试其才，所试有效，方给显官厚禄以重其任，然后委其命而勿制约，用其策而无怀疑"。在分析将领不称职的原因时，他认为"并非世无将才，而是选之不得其要，或用之未尽其才也"[②]。

作为文学家，他著作很多，参与编撰了 250 卷《新唐书》，撰写了 30 卷《英宗实录》、3 卷《勋德集》以及《唐书直笔新例》《元日唱和诗》等。至今网上还流传着他的许多优美诗篇。比如，那首名叫《宿甘露寺僧舍》的绝妙诗文，独辟蹊径，意外起笔于感觉和听觉，而非人们惯用

---

① 张小平. 宋人年谱二种［M］. 西安：三秦出版社，2008.

② 泉州市对外文化交流协会. 泉州历史人物传［M］. 厦门：鹭江出版社，1991.

的视觉，把长江边的甘露寺夜景描写得既奇妙空阔又震撼人心，其用词之豪放，想象之瑰丽，夸张之大胆，逻辑之颠倒，足以让人叹为观止。诗曰："枕中云气千峰近，床底松声万壑哀。要看银山拍天浪，开窗放入大江来。"

作为军事家，准确地说是军事科学家，曾公亮虽没打过一天仗，也没造过一杆枪，但他奉旨主笔，与端明殿学士丁度一起，从公元 1040 年起，历经 5 年时间，完成了中国历史上首部官方兵书《武经总要》（40卷），集当时及更早期兵器之大成，仁宗亲自核定该书内容，并为之作序。该书包括军事理论与军事技术两大部分，第一部分详细反映了宋朝的军事制度，包括选将用兵、教育训练、部队编成、行军、阵法、侦查、武器装备等方面。后半部分录历代用兵故事，介绍了历代经典、战例、并作了详细介绍，且在清代收入《四库全书》。该书既是一部百科全书式的前无古人的总结性军事著作，同时也是科技史上的一部重要文献。

军事在我国古代社会活动中占据着重要的地位，因此古人编写了诸多作为军事活动指南的兵书。由于计量为军事活动提供了技术保障，因此兵书中蕴含着丰富的计量知识，由此，研究古代兵书中的计量知识，是研究计量所必不可少的组成部分。首部官定兵书《武经总要》，首次从度量衡、时间计量、方位计量这三方面对该书中的计量知识进行了系统的梳理与探讨。

在度量衡方面，《武经总要》阵法记录中所记载的 "六尺为一步，三百六十步为一里"这种不同于历史上任何一个朝代官方制订的尺里法，为人们进一步研究《武经总要》及古代其他兵书提供了参考。在时间计量方面，曾公亮在前人研究的基础上进一步探讨了《武经总要》中所包含的计时方法及其特点，同时也研究了前朝兵书中所载的相关内容，以对《武经总要》中的计量方法进行更全面的介绍。在方位计量方面，《武经总要》则探讨了军队中表示方位的方式及各种方位识别方法，有些内容在计量史上是新的发现。

　　一般认为，度量衡基本一直在变大。在《武经总要》中，这一点可以体现在行军速度方面，曾公亮在书中曾记载：古法"凡军行在道，十里齐整休息，三十里会干粮，六十里食宿"①，宋法则有"凡军行在道，十里一令整齐，二十五里食讫粮，五十里宿食……"②。古法是六十里吃饭扎营，而当代行军之法中则为五十里。虽然无法完全排除行军速度突然减慢的可能性，但作者认为这主要还是源于一里长度变大的关系，这与学界所认为的中国古代度量衡量值一直在变大的发展趋势是一致的，用这种原因来解释也是行得通的。

　　大部分学者认为，隋唐大尺五尺的长度基本等同于前朝的六小尺，而唐初同时使用大小两种里制，唐大里是以五唐大尺为一步，三百六十步为一里，而唐小里则以六唐小尺为一步，三百步为一里。因此，唐大里基本为唐小里的 1.2 倍。唐时古制与新制并用，而到了宋朝，则基本只使用五尺为一步，三百六十步为里用以计量长度。而在《武经总要》所记载的行军速度中，古法的"六十里食宿"，很可能和宋法的"五十里宿食"相等同。

　　《武经总要》中的时间计量。在军事活动中，时间因素占据着极其重要的地位，因此发展出适合军队使用的计时方法是相当有必要的。传统的计时方法主要通过日晷和漏刻来计时，但在军队中，这两种工具的使用却有着种种限制。例如，日晷行军中受气候条件影响很大，并且晚上也不能使用，因此军队之中很少用该工具计时。而漏刻虽然是古代社会中最普及也最常用的计时仪器，却并不适合在行军过程中使用，因为既不利于管理，且在军队移动过程中使用水漏也不方便。那么，考察古人如何解决军事活动中的计时问题，以及探究这些计时方法的具体细节就成为计量史研究所必不可少的内容了。而在《武经总要》中便有"步行计时法"记载了适用于军队的计时方法，对我们现在了解这一问题提供

① 曾公亮. 武经总要 前集 上 [M]. 长沙：湖南科学技术出版社，2017.

② 同上.

了直接参考，大有帮助。这是说，军队中虽然设有漏刻，但更常用的方法是通过"探更人"的步数来计量时间。宋朝时沿用百刻制，一昼夜为一百刻，每一个长三尺阔一寸的竹片代表时刻一刻。而"探更人"步行二里所用的时间差不多为一刻。于是就让他们每行二里传一道牌，以之计量时间。这个传牌法是以旦、昏时刻作为昼夜计时的开始。

相对于计时来说，军事活动中对方位的表述也相当重要。方位的确定是空间计量的一部分，任何一部兵书对之都会有所涉及。《武经总要》对方位计量的记载，更有其独到的价值。在空间计量方面，《武经总要》中所记载的指南鱼在科学史上占据着重要地位。现在普遍认为该指南鱼是现有记载中最早采用人工磁化方法制作的磁性指向器，具有一定的实用价值。虽然前人对此已多有研究，但是指南鱼作为《武经总要》方位计量部分中的重要内容，是一个不可或缺的部分。

《武经总要》中所涉及的大部分计量知识的相关内容是军队所特有的，例如步行计时法与数珠计时法仅用于军事。这种计时法虽然在民间的日常生活中并不会使用，却可以从侧面看出那个时期的度量衡使用情况，例如曾公亮在书中所涉及的"里步法"。

《武经总要》中所记载的有些计量知识是有首创性的，例如关于通过地磁场以人工磁化的方法制作的指南鱼等，就是《武经总要》首次记载的，对于计量的研究而言，《武经总要》中提到的计量知识具有非常重要的价值。

参考文献

[1] 潘鼐. 中国恒星观测史 [M]. 上海：学林出版社，1989.

[2] 吴慧. 新编简明中国度量衡通史 [M]. 北京：中国计量出版社，2006.

[3] 丘光明，丘隆，杨平. 中国科学技术史：度量衡卷 [M]. 北京：科学出版社，2001.

[4] 吴守贤，全和钧. 中国古代天体测量学及天文仪器 [M]. 北京：中国科学技术

出版社，2008.

［5］　江晓原. 科学史十五讲［M］. 北京：北京大学出版社，2006.

［6］　刘秉正，刘亦丰，关于指南针发明年代的探讨［J］. 东北师大学报（自然科学版），1997（4）：23-26

［7］　毛元佑.《武经总要》作者署名及成书时间考辨［J］. 军事历史，1988，（3）：45-46.

［8］　薄忠信.《武经总要》与物理学［J］. 锦州师院学报（哲学社会科学版），1987，（3）：70-75.

［9］　刘福铸. 论武经总要的科技史价值［J］. 福建师范大学福清分校学报，2003.（3）：9-14.

［10］　朱少华.《武经总要》的军事伦理思想［J］. 军事历史研究，1997，（3）：152-161.

［11］　曹一. 古代军事中的夜间计时法研究［J］. 中国科技史杂志，2009（2）：231-239.

［12］　闻人军. 中国古代里亩制度概述［J］. 杭州大学学报（哲学社会科学版），1989，（3）：122-132.

［13］　梁方仲. 中国历代度量衡之变迁及其时代特征［J］. 中山大学学报 1980（2）：1-20.

［14］　秦建明. 华表与古代测量术［J］. 考古与文物，1995，（6）：72-77.

［15］　陈美东. 中国古代的漏箭制度［J］. 广西民族大学学报（自然科学版），2006（4）：6-10，23.

［16］　陈久金. 中国古代时制研究及其换算［J］. 自然科学史研究，1983（2）：118-132.

［17］　邓可卉，李迪. 关于轮漏的解释［J］. 中国科技史料，1997（4）：88-92.

［18］　白尚恕，李迪. 周述学在计时器方面的贡献［J］. 自然科学史研究，1984（2）：138-144.

［19］　闻人军. 南宋堪舆旱罗盘的发明之发现［J］. 考古，1990（12）：1127-1131.

第四节　苏颂：巧建天文钟

苏颂（公元 1020 年—公元 1101 年），字子容，原籍福建泉州府同安县（今属厦门市同安区），后徙居润州丹阳。他是北宋中期官员，杰出的天文学家、天文机械制造家、计量学家、药物学家。

苏颂于经史九流、百家之说，及算法、地志、山经、本草、训诂、律吕等学无所不通。他领导制造了世界上最古老的天文钟"水运仪象台"，开启近代钟表擒纵器的先河。在科学技术，特别

图 1　苏颂像

是医药学和天文学领域作出了突出贡献，被称为中国古代和中世纪最伟大的博物学家和科学家之一。有《图经本草》《新仪象法要》《苏魏公文集》等作品传世。

水运仪象台是北宋时期苏颂、韩公廉等人发明制造的以漏刻水力驱动的，集天文观测、天文演示和报时系统为一体的大型自动化天文仪器。它标志着中国古代天文仪器制造史上的高峰，是世界上的最早的天文钟。水运仪象台的构思广泛吸收了以前各家仪器的优点，尤其是吸取了北宋初年天文学家张思训所改进的自动报时装置的长处；在机械结构方面，采用了民间使用的水车、筒车、桔槔、凸轮和天平秤杆等机械原理，把观测、演示和报时设备集中起来，组成了一个整体，成为一部自动化的天文台。

水运仪象台代表了中国 11 世纪末天文仪器的最高水平。它具有三项令世界瞩目的发明。首先，它的屋顶被设计成可开闭的，是现代天文台

活动圆顶的雏形；其次，它的浑象能一昼夜自动旋转一周，是现代天文跟踪机械转移钟的先驱；最后，它的报时装置能在一组复杂的齿轮系统的带动下自动报时，报时系统里的锚状擒纵器是后世钟表的关键部件。英国著名科技史专家李约瑟曾说水运仪象台"可能是欧洲中世纪天文钟的直接祖先"。①

　　水运仪象台建成之后，苏颂一度辞官，潜心撰写了《新仪象法要》一书，此书是水运仪象台的设计说明书。苏颂撰写的《新仪象法要》是中华技术史上现存最早的水力运转天文仪器专著，证明了近代机械钟表的关键性部件——锚状擒纵器是中华民族的独创且是率先发明的。

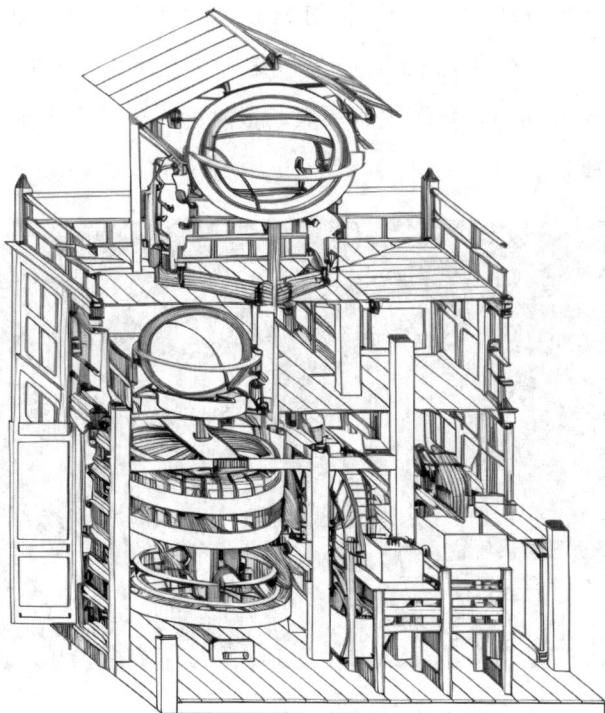

图 2　水运仪象台线稿

---

① 汪斌. 中国传统技师祖师爷［M］. 合肥：合肥工业大学出版社，2012.

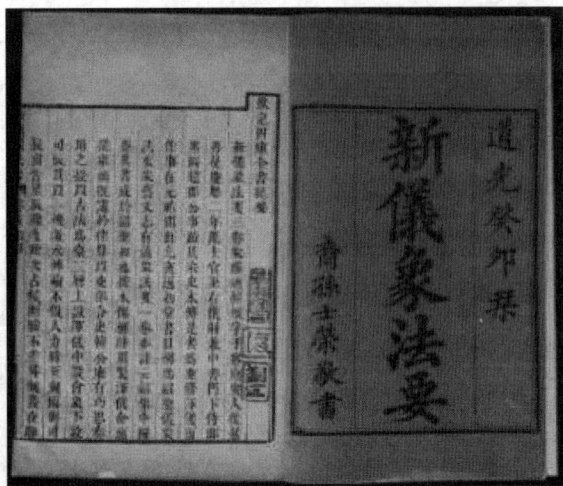

图 3 苏颂撰《新仪象法要》

　　根据《新仪象法要》的记载，水运仪象台（以宋代水矩尺计算）**高**是三丈五尺六寸五分（约 12 米），宽度是二丈一尺（约 7 米），水运仪象台内部是以水为动力，集浑仪、浑象、报时为一体的，上窄下宽呈长方形的木结构建筑。

图 4 复原的水运仪象台

　　水运仪象台的结构大致可以分为三层：上层是一个露天的平台，设有浑仪一座，用龙柱支持，下面有水槽以定水平。浑仪上面覆盖有遮蔽日晒雨淋的木板屋顶，为了便于观测，屋顶可以随意开闭，构思比较巧妙。露台到仪象台的台基有七米多高。中层是浑象，是一间没有窗户的"密室"，里面放置浑象。天球的一半隐没在"地平"之下，另一半露在"地平"的上面，靠机轮带动旋转，一昼夜转动一圈，真实地再现了星辰的起落等天象的变化。下层为动力装置及报时、计时机构，下层包括报时装置和全台的动力机构等。设有向南打开的大门，门里装置有五层木阁，木阁后面是机械传动系统。通过齿轮传动系统与浑仪、浑象相连，这座两层结构的天文装置环环相扣，实现与天体同步运行。

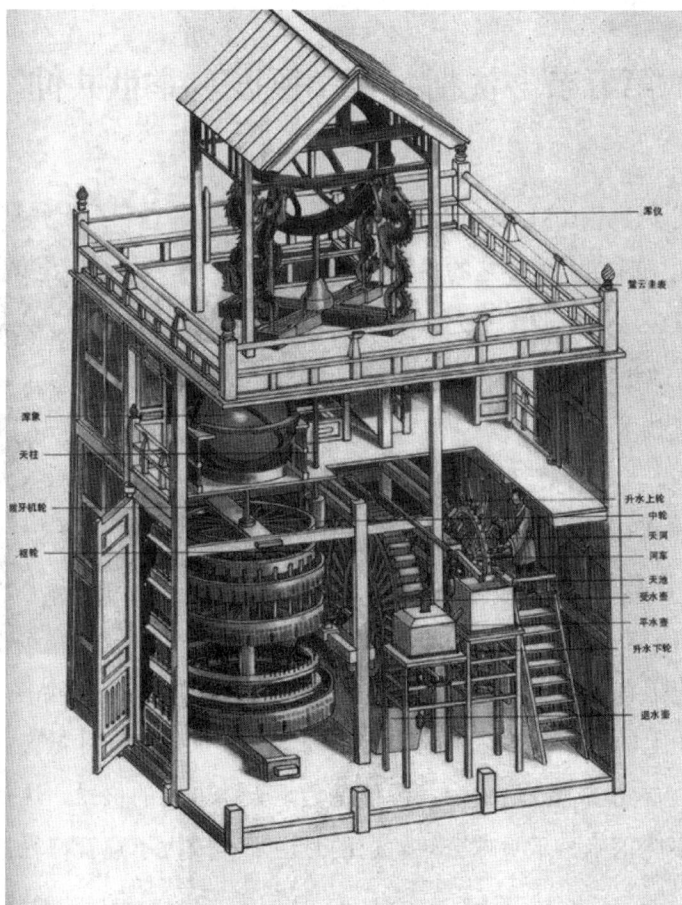

图 5　水运仪象台结构图

苏颂在说明中说："兼采诸家之说，备存仪象之器，共置一台中。台有二隔，置浑仪于上，而浑象置于下，枢机轮轴隐于中，钟鼓时刻司辰运于轮。……以水激轮，轮转而仪象皆动。"[①]水运仪象台兼有观测天体运行，演示天象变化，以及随天象推移而有木人自动敲钟、击鼓、摇铃，准确报时的三种功用。它不仅在国内取得了前无古人的成就，而且在三个方面为人类作出贡献，使许多中外科技史专家为之叹服。

从水运仪象台可以看出中国古代力学知识的应用已经达到了相当高的水平。

第五节　沈括：科学巨匠、举世共仰

沈括（公元 1031 年—公元 1095 年），是我国北宋时期多才多艺的科学家。他在古代计量领域的主要贡献为：考订前朝度量衡制；改进时间测量技术和装置；改进空间测量技术和装置。

沈括，字存中，号梦溪丈人，汉族，杭州钱塘县（今浙江杭州）人，北宋官员、科学家、计量学家。其代表作《梦溪笔谈》，内容丰富，集前代科学成就之大成，在世界文化史上有着重要的地位，被誉为"中

图 1　沈括像

国科学史上的里程碑"。在沈括的诸多成就中，又以他在计量方面的贡献而瞩目。首先，他改进仪器。浑仪是测量天体方位的仪器，沈括取消了浑仪上不能正确显示月球公转轨道的月道环，放大了窥管口径，使之便

---

① 陆敬严. 中国古代机械文明史 [M]. 上海：同济大学出版社，2012.

于观测极星，既方便了使用，又提高了观测精度。后世郭守敬创制的新式测天仪器简仪，就是在这个基础上产生的。漏壶是古代测定时刻的仪器，沈括对漏壶也进行了改革，把曲筒铜漏管改做直颈玉嘴，并且把它的位置移到壶体下部。这样流水更加通畅，壶嘴也更坚固耐用。圭表是度量日影长度的一种天文仪器，沈括主张采用三个候影表来观测影差，以克服蒙气差对精度的影响，据此制成的新式圭表，提高了北宋圭表测影的技术水平。其次，沈括对天象进行细致的观测，

图 2　沈括观星图

取得了一些新的发现与观测结果。例如，沈括用晷、漏观测发现了真太阳日有长有短。经现代科学测算，一年中真太阳日的极大值与极小值之差仅为 51 秒。沈括还详细观察了五星运行轨迹和陨石坠落时的情景；并为测量北极星与北天极的真实距离设计了窥管，每夜 3 次，连续三月，得 200 余图，得出了当时极星"离天极三度有余"的粗测结论。最后，改革历法。熙宁五年，沈括发现《大衍历》沿袭至宋已落后实际天象五十余刻，遂改革旧历，修成《奉元历》颁行。新历法改动了闰月和朔日的设置：熙宁十年冬至的临界时分原用午时，新历改用子时；闰十二月改为闰正月，以补算岁日朔日。晚年时，沈括大胆革新，进一步提出了《十二气历》，以代替阴阳合历。新历参照节气定月，一年分为 12 个月，每年的第一天定位立春，既符合天体运行的实际，也有利于农业活动的安排。900 年后，英国气象局用于统计农业气候的《萧伯纳历》原理也与《十二气历》相同。

　　沈括一生致志于科学研究，在众多学科领域都有很深的造诣和卓越

的成就。纪昀评价沈括"（在北宋）学问最为博洽"[①]。中国科学院外籍院士李约瑟评价他为"中国整部科学史中最卓越的人物"[②]。1979 年中国科学院紫金山天文台为了纪念沈括，将 1964 年发现的一颗小行星 2 027 命名为"沈括星"。沈括在《景表议》中，提出了他设想的圭表测影技术：既得四方，则惟设一表，方首，表下为石席，以水平之，植表于席之南端。席广三尺，长如九服冬至之景，自表跌刻以为分，分积为寸，寸积为尺。为密室以栖表，当极为霄，以下午景，使当表端。副表并跌崇四寸，跌博二寸，厚五分，方首，剡其南，以铜为之。凡景表景薄不可辨，即以小表副之，则景墨而易度。这是说，在东西南北四个方向确定后，就可以设表测影了。沈括要求把表置于暗室。暗室顶部沿南北方向开一狭缝，使日光可以透过狭缝，照射到表首，这样就可以避免杂光的干扰，使影子变得清晰。有利于提高测影精确度。他还创造性地增设了副表，主副表测影如图 3 所示。

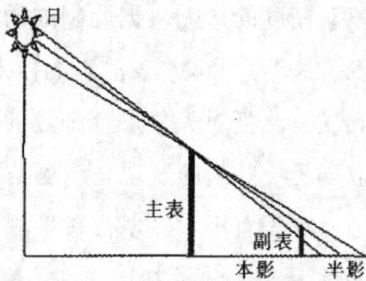

图 3　主副表侧影图

沈括还改进空间测量技术和装置，即对浑仪的结构的改善。沈括对浑仪作过精心研究，《梦溪笔谈》多处记载他研究浑仪的成果，他还把自己研究浑仪的心得写成专门的文章，起名《浑仪议》，与《景表议》《浮漏议》一道上奏朝廷。沈括三议被收入《宋史·天文志》中，成为反映他的计量思想的重要历史文献。在《浑仪议》中，沈括详细考察了历代浑仪制度和设计思想，分析了其利弊所在，并提出改进意见。他的改革，归纳起来大致包括以下几项：第一，调整某些规环的位置。第二，精简某些没有实际用途的规环。第三，改变某些部件的结构。

沈括视察河北边防的时候，曾经把所考察的山川、道路和地形，在

---

① 蒋祖怡，陈志椿. 中国诗话辞典［M］. 北京：北京出版社，1996.

② 云根. 中国历代文化名人诗传［M］. 长春：吉林文史出版社，2020.

木板上制成立体地理模型。这个做法很快便被推广到边疆各州。熙宁九年（公元 1076 年），沈括奉旨编绘 《天下州县图》。他查阅了大量档案文件和图书，经过近 20 年的坚持不懈的努力，终于完成了我国制图史上的一部巨作——《守令图》。这是一套大型地图集，共计 20 幅，其中有大图一幅，高一丈二尺，宽一丈；小图一幅；各路图 18 幅。图幅之大，内容之详，都是以前少见的。在制图方法上，沈括提出分率、准望、互融、傍验、高下、方斜、迂直等九法，这和西晋裴秀著名的制图六体是大体一致的。他还把四面八方细分成 24 个方位，使图的精确度进一步提高，为我国古代地图学作出重要贡献。沈括以严谨治学的精神、坚持实事求是的态度探索科学规律，他好学深思、仔细观察、认真记录、进行分析研究，把感性认识升华到理性认识上来，值得我们学习。他的著作为历代各门学科和专家引用，为计量科学作出极大的贡献。

第六节　郭守敬：继承古制求创新

郭守敬（公元 1231 年—公元 1316 年），字若思，邢州邢台县（今河北省邢台市信都区）人，是我国元代著名的天文学家、数学家、水利专家和仪器制造专家。他在度量衡和测量等领域有诸多建树，他拟定的《授时历》是当时世界上最先进的一种历法，后世沿用了近 360 多年。他指出"历之本在于测验，而测验之器莫先仪表"。他曾先后制作了"简仪""高表""候极仪""浑天象""景符""星晷定时仪"

图 1　郭守敬像

等 12 种仪器装置。1981 年，国际天文学会为纪念郭守敬诞辰 750 周年，特以他的名字为月球上的一座环形山命名。

郭守敬在天文、历法、水利和数学等方面都取得了卓越的成就。自至元十三年（公元 1276 年）起，他与许衡、王恂等奉命修订新历法，历时四年，制订出《授时历》，成为当时世界上最先进的一种历法。为修订历法，郭守敬还改制、发明了简仪、高表等十二种新仪器。

郭守敬在爷爷郭荣的影响下，从小就对科学和数学产生了兴趣浓厚。郭荣很重视对孙儿的教育，不仅教他书本上的知识，还时常带他到大自然中去参加实践活动，培养他的观察能力和动手能力。这对郭守敬日后的发展大有帮助。后来，郭守敬被爷爷送到故交刘秉忠家中学习深造，在那里，郭守敬认识了日后的挚友王恂。在《授时历》的编制过程中，王恂的功劳也不可小觑。

郭守敬发挥自己从小就培养起来的高超的动手能力，修好了多架勘测仪器，并亲自动手制作了接近二十种更为精密的仪器，使用这些仪器得到的各项测试结果，与先前相比更加可靠。《授时历》之所以能够如此接近现行公历，与郭守敬制作的这些精密的仪器密不可分。经过了四年的不懈努力，《授时历》终于成功编制出来。就在这时，王恂却因病去世了，余下的大量的数据整理工作，全都由郭守敬完成。在接下来的两年多的时间内，郭守敬一直为此殚精竭虑，最终将《授时历》编写完毕。

我国从战国时期到元代，用作天体测量的仪器主要是浑仪，其结构由简到繁，不断改进和完善，但浑仪也有缺点，它有七八道环圈，观测时天体往往被环圈所遮掩，郭守敬做了划时代的更改：他果断地拆散了浑仪，只保留其中起根本作用的三道环圈，重新设计了一座仪器，但又在其后下方添加了一副子午圈和地平圈，其余的都毅然舍弃了。这是一组依天球南北极及赤道方位建立的赤道装置，可用来测定任何天体的赤道坐标。较之浑仪是大为简化了，故称为简仪。其主要特点在于能简便而无遮碍地依天体周日运动进行观测，此外，它的两个赤道环之间有四个小铜棍，将上环转动时的滑动摩擦变换为滚动摩擦，这便是世界上最早的滚筒轴承。

图 2　简仪，郭守敬在浑仪的基础上简化改进而成。可以测量天体的赤道坐标和地平坐标，互不干扰，南侧日晷，白天可以按日影测定时刻。铸造于明朝正统年间

实验和量度是科学方法的重要环节，郭守敬曾在大都（今北京）测量正午日影，据以决定冬至与夏至这两个节气的时刻，在三年半中他进行了约 200 次的测影，得到了非常准确的冬、夏至时刻，郭守敬从自己对冬至的测定，再上溯到六朝宋孝武帝刘骏时期，根据这 816 年中的资料，求得了一个回归年的长度为 365.242 5 日。虽然南宋杨忠辅于公元 1199 年定过同样数值，但不是从实测所得，郭守敬经测算而得到的这个数值与现今世界上通用的公历即格里历的数值相同，却比公历早 302 年。格里历是公元 1582 年罗马教皇格里高雷十三世发现春分日有十天的差错才召请大批学者商议改订的。迫不得已，他们还将那年的 10 月 5 日调整为 10 月 15 日，借以弥补已往的差额。如果说四海测验标志着郭守敬工作面的广度而使人惊叹不已，那么对恒星位置的测定显示出他工作的深度也是空前的。我国古代列表命名的恒星有 1 464 颗，习惯上称为二十八宿及中外官。曾测出在天球上位置的星，到宋代约近四百颗。郭守

敬对周天的列宿诸星作了一次周详的测定，著有星表两册：一册为业已命名的恒星，另一册为尚未命名的补充星表。这两表虽因年代久远，历遭劫难而不幸湮没，但所包括的星除原有 1 464 颗恒星之外，约还增加数百颗以上。这样完备的星表是前所未有的。

仰仪外形似平放的锅，又称碗晷，是元代郭守敬利用针孔成像原理发明制造的，现陈列在登封观星台内。仰仪的主体是一只直径约三米的铜质半球面，好像一口仰放着的大锅，因而得名。仰仪的内部球面上，纵横交错地刻着一些规则网格，用来量度天体的位置。在仰仪的锅口上刻有一圈水槽，用来注水校正锅口的水平，使之保持水平设置；在水槽边缘均匀地刻着 24 条线，以示方向。用它能测定日蚀发生的时刻，还可估计日蚀方位角及蚀分多少和日蚀的全过程，还能观测月球的位置和月蚀奇景。

图 3　仰仪

郭守敬无论是在天文仪器的制造与天体实测，还是在天文数据的计算与历法的编制以及著书立说等方面的成就和贡献都是卓著的，他不愧为我国古代著名的科学家和计量学家。

第五章　明清时期计量人物

　　明清各朝都依唐律，把度量衡制为本朝法典，颁发标准器和定期检定。明朝官府里规定了严格的度量衡制度，但官僚、地主、商人任意增大度量衡器具的单位量值，对农民进行剥削。明末安徽贵池地主收租"大进小出"，进时用的斗每石高达 220 斤，放债用的斗每石只有 90 斤。宣统元年（公元 1909 年）清政府向国际权度局订制了营造尺和库平两铂铱合金原器各一件，它们成为中国度量衡史上第一代具备了现代科学水平的基准和仪器。清末光绪二十九年（公元 1903 年）规定以尺、升、两为度量衡的基本单位，进一步确立了中国两千多年来独特的、统一的、科学的度量衡单位制体系。

　　清康熙皇帝亲用"累黍法"验证古尺与清营造尺尺度的关系，并在当时的社会生产实践中予以推广使用。吴承洛先生对康熙皇帝累黍定尺考订度量衡的意义曾作出相当积极的评价，"以纵累百黍之尺为'营造尺'，是为清代营造尺之始，举凡升斗之容积，砝马（码）之轻重，皆以营造尺之寸法定之，此在当时科学未兴，旧制已紊之时，舍此已别无良法，沿用数百年，民间安之若素，其考订之功，可谓宏伟"①。清康熙九年（公元 1670 年）"改新法为九十六刻"，它与国际接轨形成"周日十二

---

① 中国计量网. 清康熙皇对度量衡的贡献［EB/OL］.（2016-12-16）［2023-7-1］.

时，时八刻，刻十五分，分六十秒"的时间计量单位制。至此，中国时间计量单位中的每"刻"等于 15 分钟，最小时间计量单位为"秒"，我国以"秒"作为时间计量单位即始于公元 1670 年。

第一节　程大位：卷尺之父

程大位（公元 1533 年—公元 1606 年），明代商人、字汝思，号宾渠，汉族，南直隶徽州府休宁县率口人，珠算发明家。生于明嘉靖十二年四月初十（公元 1533 年 5 月 3 日），卒于万历三十四年八月十七（公元 1606 年 9 月 18 日）。少年时，程大位读书极为广博，对书法和数学颇感兴趣，一生没有做过官。20 岁起便在长江中、下游一带经商。因商业计算的需要，他随时留心数学，遍访名师，广集算书；搜集很多数学书籍，刻苦钻研，时有心得。约 40 岁时回家，专心研究，参考各家学说，加上自己的见解，于 60 岁时完成其杰作《直指算法统宗》简称《算法统宗》，程大位也被推崇为中国"珠算鼻祖"。他于 1578 年左右发明卷尺，当时程大位把它称作"丈量步车"，程大位因此被誉为"卷尺之父"。

图 1　程大位像

　　"丈量步车"较之当今的钢卷尺、皮卷尺显得庞大许多，但从其原理、构造、用途和用法来看，它就是卷尺的雏形。它由木制的外套、十字架、竹制的篾尺、铁制的转心、钻脚和环等部件组成。篾尺收放均从外套的匾眼中进出，钻脚便于准确插入田地测量点，环便于提携。程大位的可贵之处就在于采用扁平的"篾尺"取代"绳子"的灵感。这个革命性成果直到现在的卷尺都在恪守运用。

图2　丈量步车

　　《算法统宗》全书共17卷，万历二十年（公元1592年）刻印。前二卷讲基本事项与算法，其中珠算加法及归除口诀，与现今口诀相同。乘法以"留头乘"为主，除法以"归除法"为主，为后世珠算长期所沿用。卷三至卷十二为应用问题解法汇编，各卷以《九章算术》篇名为标题，但"粟米"改为"粟布"，"盈不足"改称"盈"。卷三"方"章内介绍了他自己创造的"丈量步车"，用竹做成，类似现在测量用的皮尺。卷六中首先提出了归除开平方、开立方的珠算算法。卷十三至卷十六为"难题"汇编，仍依九章分类用诗词形式表达算题。卷十七为"杂法"，介绍了民间算法"金蝉脱壳"及珠算式的笔算"一笔锦"。此外还有"铺地锦""一掌金"（一种指算法）以及各种幻方（即纵横图）等。最后附记"算学源流"，列出北宋元丰七年（公元1084年）以来各种数学书目，共51种，其中只有15种现在尚有传本，余均失传，但对了解当时数学书传布的情况是很有参考价值的。

　　《算法统宗》全书595个问题，绝大多数是由其他数学著作如刘仕隆著《九章通明算法》（公元1424年）和吴敬《九章算法比类大全》（公元1450年）等书中摘录的。搜集的当时算法较为完备，在当时同类珠算著作中是较好的一部。在中国古代数学的发展过程中，《算法统宗》是一部十分重要的著作，流传极为广泛和长久，对珠算在民间的普及起了很大的作用。明朝末年，还传入朝鲜、日本及东南亚各地，对这些地方传播珠算，也起了重要的作用。万历二十六年（公元 1598 年），程大位对《算法统宗》进行删节，取其重要部分，另编为《算法纂要》四卷，与《算法统宗》先后在屯溪刊行。

在程大位编著的《算法统宗》第三卷中有完整的零件图、总装图、设计说明和改型说明等全套书面资料，这在世界发明史上是相当罕见的。据《明史》记载，明神宗万历六年，内阁首辅张居正下令全国清丈土地，并将"土地丈量"与"一条鞭法"作为改革的重要措施。从《算法统宗》中获悉，程大位亲自参加了这次大规模的清丈土地工作。在此之前，"古者量田较阔长，全凭绳尺以牵量"[1]，不但劳动强度大，而且差错率太高。因此给程大位提出了课题，逼迫他苦思冥想去创造一种崭新的丈量工具。他在设计说明中说，他的创意来自木工使用的墨斗。

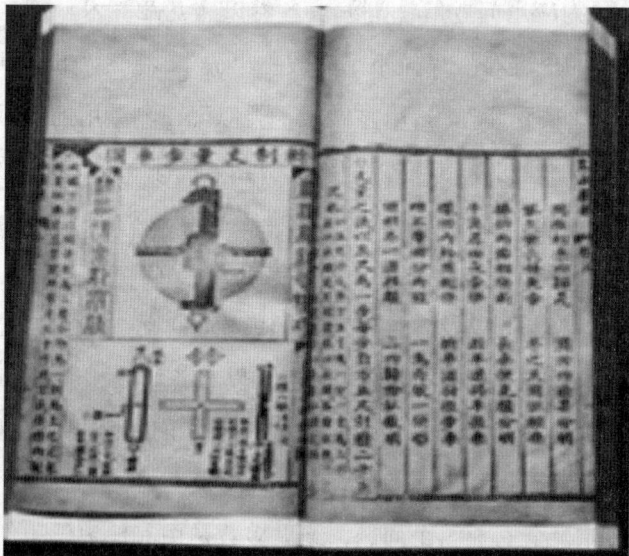

图 3　世界第一卷尺——丈量步车设计图

---

① 王艳红. 贾道德性的徽商［M］. 芜湖：安徽师范大学出版社，2017.

第二节　朱载堉：谱神曲的律圣

朱载堉（公元 1536 年—公元 1611 年），中国明代声学家和乐律学家、计量学家、音乐家、十二等程律（又称十二平均律）理论的首创者。字伯勤，号句曲山人，又自称狂生、山阳酒狂仙客等，明郑恭王厚烷之子，怀庆府（今河南沁阳）人。

图 1　朱载堉像

西方学者李约瑟曾经说过："朱载堉对人类的贡献是发现了将音阶调谐为相等音程的数学方法。这是一种十分重要的实用体系，而今天所有西方国家的大众都认为它是理所当然的，甚至不知道它的存在。"[1]朱载堉中国音乐史上鲜有的杰出人物。他对于人类最重大的贡献是创建了十二等程律。它是一种对乐器调律的数学原理，也是一种非常实用的乐律体系。用它调律的乐器，可以满足任意转调或变调的需要，而不用临时在舞台上匆忙地更换乐器。现代音乐舞台上许多键盘乐器就是用它调律的，钢琴是其中之一。有了十二等程律，才有现代的音乐舞台。迄今，

---

①方国荣. 中华科技史话 天工开物下西洋［M］. 合肥：安徽师范大学出版社，2018.

我们仍受益于他的贡献。我们所了解的钢琴是欧洲文明的产物，但是否清楚十二等程律就是它的灵魂呢？如果没有十二等程律，就不会有钢琴。

朱载堉是我国明代杰出的计量学家、自然科学家和艺术家。他的成就是明代自然科学和艺术科学的顶峰，也为中华民族史增添了光彩。朱载堉处在我国的资本主义萌芽时代，艺术的大发展要求他在那个时代确立音乐上的旋宫理论和统一音高标准。朱载堉适应这个时代的需要，为了解决几千年来音乐理论上的难题，攀上了一个又一个的科学高峰。

为了找到历史上的音高标准，朱载堉研究了计量学和物理学的某些问题，他关于历代度量衡制变迁的深刻研究一直影响到今天。朱载堉提出了一个系统的管口校正方法及其计算公式，精确地测定了水银密度，透彻地研究并实验了完全八度和纯五度等的和声问题。在我国传统的律历和谐观念的影响下，他又不得不去研究天文历法，从而精确地计算了回归年长度值，精确地测量了北京的地理纬度和地磁偏角。功到自然成，他所做的一切努力，终于在世界上第一个攀登上了十二等程律的理论高峰。

朱载堉是我国古代社会末期和近代社会前夜的一颗科学和艺术巨星，是明代一位百科全书式的学者。对待文化遗产，他不是因循守旧，而是批判继承；对待科学问题，他不是"格物穷理"，而是尊重实践、注重实验；对待艺术问题他不是复古，而是创新，不是守旧，而是改造。不畏权威、不从古训、崇尚真知、追求真理，是朱载堉伟大、高尚的精神。

在创建十二等程律过程中，"起始音黄钟的弦线究竟取多长"这个极为重要的问题朱载堉从其外舅祖何塘的著作中得到了启发。在朱载堉之前，对于黄钟之长，或曰九寸，或曰八十一分，或曰十寸，众说纷纭。何塘的乐律著作令朱载堉豁然开朗，他写道："先臣何塘曰：《汉志》谓黄钟之律九寸，加一寸为一尺。夫度量权衡所以取法于黄钟者，盖贵其与天地之气相应也。若加一寸以为尺，则又何取于黄钟？殊不知黄钟之长，固非人所能为。至于九其寸而为律，十其寸而为尺，则人之所为也。《汉志》不知出此，乃欲加黄钟一寸为尺，谬矣。今按《汉志》度本起黄钟之长，则黄钟之长即是一尺。所谓长九寸，长八寸十分一之类，盖算家立率耳。"[1]何氏此论，发千载之秘，破万古之惑。律学第一紧要处，其在斯欤。此则唐宋诸儒之所未发者也[2]。

此前，取黄钟弦长多种数值，仅是为了三分损益律之"立率"（即比例）方便。朱载堉要创新乐律，当然要打破旧说传统，创设新的率数。何塘此论，对朱载堉而言，如同拨开迷雾、立见新天。

朱载堉不喜轻率浮薄，性格恭敬敏捷、温文尔雅，勤劳不懈。其父恭王厚烷甚喜悦。七八岁时，载堉学吟诗作诗。厚烷得悉后，喜盼载堉整日咏诗。朱载堉在少年时代，无疑熟读了《诗经》《乐府》等诗词，影响了他一生的歌词创作，并且留下了续补《诗经》中"亡诗"6篇25首，这些诗表现他少年时期忠孝双、雅敦厚的风貌。

《律学新说》，共4卷，书前有"万历十二年（公元1584年）岁次甲申春正月吉日"自序。该书阐述了乐律与度量衡的关系，作出律尺（9进制）和日常用尺（10进制）的换算，定义十二等程律，制作等程律律管与弦准等内容。

朱载堉在《律吕精义·序》中对音乐和乐律作了这样的界定："夫乐也者，声音之学也；律也者，数度之学也。"

探讨乐律，必涉及数学和计量的问题。数学方法不同，会产生不同的律制；度量单位和度量方法的不同，会对乐律计算过程的简捷性、对乐器制造以及对黄钟的标准音高或绝对音高产生影响。"数度"之学就成为乐律学的基本内容。

《乐律全书》中指出了三种不同进位尺：第一，横黍尺即平常十进尺，"以十忽为丝，十丝为毫，十毫为厘，十厘为分，十分为寸，十寸为尺，

---

[1] 张志庄. 朱载堉密率方法数据探微 [M]. 北京：中国戏剧出版社，2010.

[2] 朱载堉：律学新说 [M]. 北京：北京人民音乐出版社，1997.

从微至著，皆用十焉"，再推延之，十尺为丈，十丈为引等。第二，纵黍尺即九进尺，"以九忽为丝，九丝为毫，九毫为厘，九厘为分，九分为寸，九寸为尺从微至著，皆用九焉"，再推延之，九尺为丈，九丈为引等。第三，斜委尺即混合进位尺。它是以斜排黍粒 90 粒而得到的一种尺，称为"斜黍九十分尺"。它的尺单位长度与横黍尺、纵黍尺相等，但尺以下各单位为每尺九十，每寸十分。

九进制尺，或纵黍尺，又称律尺，是在乐律计算中常用的尺。十进制尺，或横黍尺，又称度尺，是日常生活中常用的尺。为何提出这两种尺的换算呢？朱载堉在《算学新说》第一问中写道："古云黄钟长九寸，今云黄钟长十寸。何也？答曰：所谓九寸者，度法之名也。度生于律者也，非律生于度也。……蒸九寸者，算率云耳。率也者，假如之法也。……创此率者主意不过专为三分损益而设。今既察知三分损益其率疏舛，不用三分损益，则彼黄钟九寸之说亦不可宗矣。"①

这就是说，三分损益法为算率方便，设定黄钟九寸。新法密率，不宗黄钟九寸之说，而设定黄钟长一尺，也是为了算率方便。问题是，设定起始音黄钟在两种律制下同高，而尺度却有长短，又以何标准度量其尺？

关于不同进位的尺，在我国可能起源于西周时期。据后人记载，在西周时期有以十寸为尺者，有以八寸为尺者②。

乐律中涉及计量，这是中国古代乐律学的一大特点。中国古代没有频率概念，律家通常以弦线长度来度量音的高低，这就涉及长度的计量问题。为了确定律管发音的高低，不仅要确定管长，还要精确测定管的横截面和容积。这就决定了中国古代的律学与计量学的密切关系。由于历代度量衡变迁、标准音高的变迁，研究律学史不能不涉及度量衡史，度量衡史也常常以历代音高标准作佐证。日常用尺与音乐用尺（或称乐

---

① 朱载堉：律学新说 [M]．北京：北京人民音乐出版社，1997．
② 故宫博物院．律吕新书 [M]．海口：海南出版社，2000．

尺律尺）结下了不解之缘。

据《尚书·虞书·舜典》载，"岁二月，东巡守，至于岱宗……，协时月正日，同律度量衡"①。这是说，上古时代的舜帝于二月到东方去巡视守土的诸侯，到了泰山，除祭祀山川之外，又修正时日，使各地遵循同一的历法，并且统一标准音高、统一各地的度量衡。这里的"同"字是"统一""划一"的意思。从这段文字来看，上古时代的中国曾经有过一次最早的统一度量衡和统一标准音高的工作。但是，对"同律度量衡"一语的理解，从汉代起，注家蜂起，并把它解释为以黄钟律管校正度量。根据《汉书·律历志》记载，度者"本起于黄钟之长"，量者"本起于黄钟之龠龠"，权者"本起于黄钟之重"。这意思是，黄钟律管的长度是长度单位的起源，黄钟律管的容量是容量单位的起源，黄钟律管所容黍的重量是重量单位的起源。这种想法有一定道理。在古代，人们不容易找到不变的度量标准，而一旦某律管能发出准确的黄钟音高时，它的长度和内径也就确定了。因此，人们推想，以累黍、容黍的办法确定黄钟律管的长度、容量及其所容黍的重量之后，该律管就可以作为度量衡的标准。

根据文献记载，汉代刘歆做过"同律度量衡"的实验，《汉书·律历志》记下了他累黍实验的结果。朱载堉也开始了累黍的实验，他用纵黍、斜黍、横黍分别进行多次校对尺度的实验。

朱载堉还亲手制作了铜律龠和铜嘉量。他说："嘉量，古人只一块铸。今人学铸，分作五件，总焊而为一，庶几易成也。"②

年过七十的朱载堉对铸成嘉量而欣喜，并为此写下《嘉量算经》一书。

除了累黍定尺、发现嘉量与律龠各自的容积龠相同外，朱载堉在度量衡上还做了大量的考证工作。他推导出古制三种尺（即商汤尺、夏禹

---

① （春秋）孔子. 尚书［M］. 长春：吉林文史出版社，2017.

② 戴念祖. 天潢真人朱载堉［M］. 郑州：大象出版社，2008.

尺、周武王尺）与明代三种尺（裁衣尺、量地尺、营造尺）、黍法三种尺（纵黍尺、斜黍尺、横黍尺）的长度相关性。又以尺步、钱币、玉佩、衣服、人身、弓箭、车轮等器物，以及上述黍、律探讨历代度量衡变迁，从而开创了自清以后直到今天有关度量衡史的研究方法。

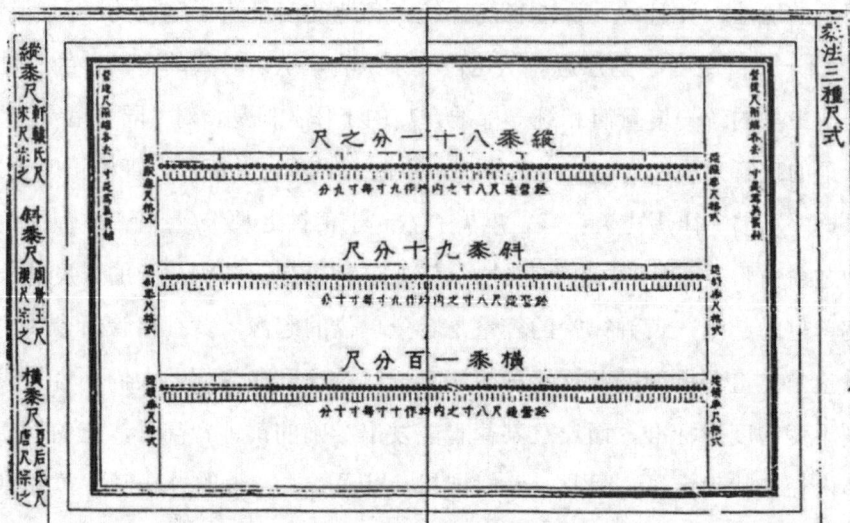

图 2　不同排黍法的三种黍尺（《律学新说》卷二书影）

朱载堉的计量理论，对后世有很大影响。清圣祖康熙帝和高宗乾隆帝先后主编的《律吕正义》及其《后编》，采纳了朱载堉纵黍、横黍、斜黍三种黍尺及其单位尺相等的结论。这个结论直到现在已成为度量衡史或计量学史上的定论。20 世纪 30 年代，吴承洛的《中国度量衡史》也完全遵循朱载堉的思路和方法，用三种黍尺考定三代尺度[①]。近二十年，逐渐有人将乐尺与日常用尺分开讨论，认为这两种尺各有其独立的发展系统。朱载堉还提出，王莽、刘歆所造的尺是伪周尺、晋前尺非周尺[②]。这个思想也被《律吕正义》和钱塘著的《律吕古谊》所采纳。

---

① 吴承洛. 中国度量衡史 [M]. 上海：上海三联书店，2014.

② 朱载堉. 律吕精义 [M]. 北京：人民音乐出版社，2006.

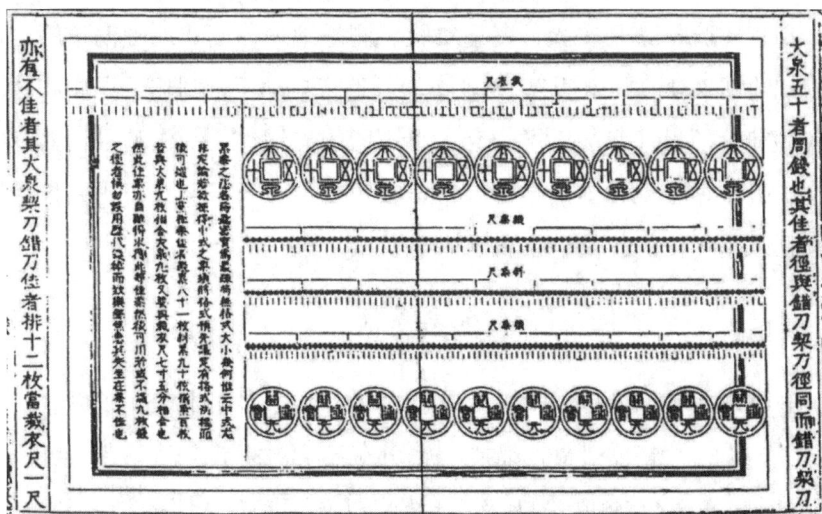

图3　朱载堉考证钱币与尺度关系（《律学新说》卷二书影）

在天文学上，朱载堉批判地继承前人历算成果，建立了确定回归年长度古今变化的新公式，精确地计算了回归年长度值。同时，他比前人都要准确地测定了北京的地理纬度和地磁偏角。寻求十二平均律和统一音高标准不是一个纯粹的自然科学课题，提出并解决这个课题要高深的音乐造诣，要考察各种乐器及其古今变化。朱载堉在这方面的工作和他在自然科学方面一样博大精深：他谱写了大量的乐谱、旋宫谱、操缦谱，他是世界上第一个在音乐上实践十二平均律理论的人，他撰写了大量的充满激情、反映现实的歌词，至今读起来还脍炙人口。他制造了世界上第一件按照十二平均律理论发音的乐器——弦准，制造和考辨了包括律管在内的种种乐器，探讨了它们的发音规律和物理功能，研究了音乐史、乐器史。然而对于艺术科学，朱载堉远不止是一个音乐家、文学家、音乐史和乐器史家、乐器制造师，他还是一个舞蹈设计家和理论家。他描绘了我国历史上最详尽的舞图和舞谱，他是世界上第一个创立"舞学"一词并为它规定了内容大纲的人。亲身实践和从事实验，是朱载堉科学活动的一大特色。他的音律理论，不是停留在理学空谈或文字辩论上，而是以实验作为判决。他的书中记述了大量的实验事实，如管口校正实验、和声实验、累黍实验、度量实验、测量地理纬度和地磁偏角等等，并以此决断"孰真、孰假"。为了实验，他亲自动手，制作了铜质和竹质的各种律管，设计和加工了一套大小不同的支钢锉，制作测量仪器，甚至上山采竹、下地种黍，走街串市、收卖古币……，实践证明：朱载堉是真正永垂青史的计量学家和乐律学家。

参考文献

[1]　陈美东. 中国科学技术史：天文学卷［M］. 北京：科学出版社，2003.

[2]　陈景润. 初等数论［M］. 北京：科学出版社，1978.

[3]　崔宪. 曾侯乙编钟钟铭校释及其律学研究［M］. 北京：人民音乐出版社，1997.

[4]　戴念祖. 中国物理学史大系：声学史［M］. 长沙：湖南教育出版社，2001.

[5]　戴念祖. 中国物理学史大系：古代物理学史［M］. 长沙：湖南教育出版社，2002.

[6]　戴念祖. 中国科学技术史：物理学卷［M］. 北京：科学出版社，2001.

[7]　戴念祖. 朱载堉：明代的科学和艺术巨星［M］. 北京：人民出版社，1986.

第三节　徐光启：心系国计民生

徐光启（公元 1562 年—公元 1633 年），字子先，号玄扈，谥文定，南直隶上海县法华汇（今上海市）人，出生于明嘉靖四十一年。万历进士，官至崇祯朝礼部尚书兼文渊阁大学士、内阁次辅。公元 1603 年，入天主教，教名保禄。较早师从利玛窦学习西方的天文、历法、数学、测量和水利等科学技术，毕生致力于科学技术的研究，勤奋著述，是介绍和吸收欧洲科学技术的积极推动者，为

图 1　徐光启像

17世纪中西文化交流作出重要贡献。到过上海的朋友都知道，上海有个地方叫"徐家汇"，但很少有人知道这个地方与一位计量历史人物有关。我们每天的生活都与这个人的学术成果相关，上海交大前任科学史与科学文化研究院院长江晓原认为：说这个人是一位科学家是贬低了他，这个人比现代意义上的科学家都要伟大①。这个人，就是徐光启。

徐光启在天文历法方面的成就，主要集中于《崇祯历书》的编译和为改革历法所写的各种疏奏之中。在历书中，他引进了圆形地球的概念，介绍了经度和纬度的概念。他根据第谷星表和中国传统星表，提供了第一个全天性星图，成为清代星表的基础。在计算方法上，引进了球面和平面三角学的准确公式，并首先作了视差、蒙气差和时差的订正。除《崇祯历书》全书的总编工作外，徐光启还参加了《测天约说》《大测》《日缠历指》《测量全义》《日缠表》等书的具体编译工作。

徐光启在数学方面的最大贡献当推和利玛窦共同翻译了《几何原本》（前6卷）。徐光启提出了实用的"度数之学"的思想，同时还撰写了《勾股义》和《测量异同》两书。徐光启首先把"几何"一词作为数学的专业名词来使用。《几何原本》的翻译，极大地影响了中国原有的数学学习和研究的习惯，改变了中国数学发展的方向，是中国数学史上的一件大事。但直到20世纪初，中国废科举、兴学校，以《几何原本》为主要内容的初等几何学方才成为中等学校必修科目。徐光启在修改历法的疏奏中，详细论述了数学在天文历法、水利工程、音律、兵器兵法及军事工程、会计理财、各种建筑工程、机械制造、舆地测量、医药、制造钟漏等计时器十个方面应用，还建议开展这些方面的分科研究。

徐光启精晓农学，著作甚多，计有《农政全书》《甘薯疏》《农遗杂疏》《农书草稿》《泰西水法》等。《农政全书》初稿完成后，徐光启忙于负责修订历书，无暇顾及，去世后由他的门人陈子龙等人负责修订，于

---

① 搜狐.徐光启：中历交流第一人，我们每天的生活都与他有关［EB/OL］（2023-2-3）［2023-7-1］.http://news. sohu. com/a/636738716_121124710.

1639 年刻板付印。全书分为 12 目，共 60 卷，50 余万字。12 目中包括：
农本 3 卷，田制 2 卷，农事 6 卷，水利 9 卷，农器 4 卷，树艺 6 卷，蚕
桑 4 卷，蚕桑广类 2 卷，种植 4 卷，牧养 1 卷，制造 1 卷，荒政 18 卷，
基本上囊括了中国古代汉族农业生产和人民生活的各个方面，治国治民
的"农政"思想贯穿其中。

"求精"和"责实"是徐光启军事思想的核心，他提出"极求真材以
备用""极造实用器械以备中外守战""极行选练精兵以保全胜""极造
都城万年台（炮台）以为永永无虞之计""极遣使臣监护朝鲜以联外势"。
徐光启特别注重火炮的制造，曾多方建议，不断上疏，希望能引进火炮
制造技术。徐光启还对火器在实践中的运用，对火器与城市防御，火器
与攻城，火器与步、骑兵种的配合等各个方面均有所探求。徐光启撰写
的《选练百字诀》《选练条格》《练艺条格》《束伍条格》《形名条格》《火
攻要略》《制火药法》等各种条令和法典是我国近代较早的一批条令和
法典。

徐光启不仅对近代中国农学、数学、天文学等都有卓越贡献，在军
事领域也颇有建树，而且还被称为我国中西方交流第一人。

图 2　徐光启与利玛窦

徐光启的祖父徐绪因经商而致富，到他父亲徐思诚的时候，家道复又中落，务农为生。少年时的徐光启曾在龙华寺读书，十九岁就中了秀才，此后却一直不顺，多次乡试不第，只好教书以养家糊口。万历三十二年（公元1604年），时年42岁的徐光启才中了进士，进入翰林院，被选为庶吉士。这时距离他与利玛窦在南京相遇已经过去了四年，而那次相遇，改变了徐光启的人生轨迹，其影响一直持续至今。利玛窦是意大利传教士，作为外国人，他是被中国皇帝允许在我国领土安葬的第一人。当时西方的耶稣教会掌握着最先进的思想和科技，而意大利贵族后裔利玛窦来到中国传教，为了获得认可，就用西方最前卫的科技来证实自己的文明，他善于制造并维修钟表，获得了当时皇帝的信赖，也成了很多王公大臣的座上宾。自幼接受中国传统教育的徐光启，虽然早期仕途不顺，却并不守旧，相反，他特别能接纳新事物，对"阳明心学"比较推崇，认为对于万事万物要勇于怀疑，作出自己的判断，而不是一味盲从他人的说辞。认识了利玛窦之后，徐光启意识到这个人可以帮助自己，不仅可以解决精神上的信仰问题，更能学到西方先进的科学技术。

明朝中晚期，包括上海在内的我国沿海一带，倭患猖獗，加上水灾等自然灾害频发，令老百姓苦不堪言。徐光启饱读圣贤书，胸怀天下，他原本希望当官为政，从政策上给百姓以实惠，休养生息，救民于水火。而认识了利玛窦之后，他意识到科学技术也是一条可以发展之路，学习西方经世致用的科学和思维方式，也可以拯救自己的国家。于是，考中进士之后两年，徐光启的生活稍安，就和利玛窦开始合作翻译欧几里得的《几何原本》一书。在此之前，我国传统文化中的"几何"，还是"对酒当歌，人生几何"的"几何"，从徐光启开始，"几何"才被当成一个数学的专业名词来使用。不仅是"几何"，现在我们所用的"点""线""面""角"等，都是在这次翻译中确定下来的。在此之前，我国虽也有《九章算术》等数学典籍，但并没有完善的学术系统，更缺少专业的数学术语。徐光启所做的相当于一个从无到有的过程，完全可称为我国数学学科真正的奠基者。

万历三十五年，徐父在北京去世，徐光启按大明律回乡丁忧守制。在此期间，他没有像一般人守孝那样只闭门读书。他一边编纂、整理数学文献，完成了《测量异同》与《勾股义》等书；一边积极地做了另一件事——培育番薯，并写出了《甘薯疏》《芜菁疏》《种棉花法》和《代园种竹图说》等文献。明朝早期，我国人口为五千万左右，而到了明朝中晚期，虽然灾害频仍、天灾人祸不断，人口却激增到了一亿五千万左右，正是因为玉米、番薯等的大面积种植，解决了人们的吃饭问题，而徐光启又正是那个"第一个吃番薯的人"。番薯，即地瓜，十六世纪由西班牙人从美洲引种到菲律宾，后经台湾传入福建等地。但是当时人们认为番薯是热带植物，不可能在长江流域一带种植，更不可能在北方存活。徐光启在家丁忧的三年，不停地请人从福建带番薯回上海，进行试种。刚开始，番薯种块不是霉烂，就是冻僵，偶尔有保存好的，却没等春天就已经发芽，错过了种植季节。

然而，徐光启并不认输，他不停地想办法，通过反复的实验和方法改进，终于将番薯种植成功，并总结出了"传种""种候""土宜""耕治""种栽""壅节""移插""剪藤""收采""制造""功用""救荒"等一整套做法，称之为"松江法"，并创造性地想出了现在仍在被广泛使用的地窖储藏法。这些方法，不仅使得番薯在上海地区种植成功，并顺利地推广到了山东、河北，甚至东北等地。而在番薯种植技术向高纬度地区推移的同时，它的品质和口感不仅没有下降，反而在干旱地区的味道比南方多雨地区更好。对此，徐光启曾不无得意地说："庶几哉，橘逾淮，弗为枳矣。"正是因为此事的成功，让徐光启信心倍增，让他更加意识到，传统的东西未必都是对的，要想改变大家的认知，就要让人们看到创新改变的结果。几年后，徐光启因与朝中一些大臣意见不合，便辞职去了天津。他在天津南郊开垦了大片的盐碱荒地，用来种植水稻，通过改进水利灌溉和造肥施肥技术，最终让江南的水稻在天津落地生根，解决了旱地种植水稻的难题。不仅亲自实践，他还不停地将自己的经验学术化，写出了《宜垦令》《农书草稿》《北耕录》等。

万历三十八年，因为钦天监推算日食不准，徐光启又开始研究天文学。明初实行的《大统历》，日久天长，已严重不准，但统治者认为"祖制不可改"，一直不允许重修新历，加上古代人们习惯将天象和国运，以及皇帝的功过联系在一起，为了避免被人利用，明朝也不重视天文学。到万历末年，大明的观象台已年久失修，观测更加不准，导致历法与"天度不合"。天子不知天象，百姓农耕节气与气候对不上，导致朝野上下议论纷纷。在此情况下，徐光启通过潜心研究，并跟西方传教士请教，写出了《简平仪说》《平浑图说》等书。两年后，徐光启上疏毛遂自荐，请求重修新历，并得到了批准。但因为种种原因，修历的事，一直被搁置，直到崇祯元年才被重新提上日程。此时，罗马教廷颁布的《格里高利历》已经被许多国家所采用。徐光启请传教士翻译之后发现，《格里高利历》比《大统历》精确许多，尤其是他们把一天分为 96 刻的做法比中国一天100 刻的计算方法简明和精确许多。

我国原有的记时方式有"时辰"和"刻漏"两种，一天 12 时辰和 100刻之间不能准确换算，而西方的一天 24 点数和 96 刻却非常精准。于是，徐光启大胆采用里西历里的 24 点制，将一天的 12 时辰换算为 24 个"小时辰"，简称"小时"，并废除了一天 100 刻的计算方法，采用了能和 24小时整除的 96 刻制。然而，这样一部近乎完美的历法，并没有被大明统治者采用。原本，徐光启生前已经基本完成了《崇祯历书》的编订工作，他死后两年，他的继承者们完成了他未完成的事业。可是生性多疑、优柔寡断的崇祯帝又担心自己会背上"擅改祖宗法制"的罪名，所以迟迟没有颁布新历。1644 年，等崇祯终于下决心要刻印这部新历书的时候，已经太晚了。1644 年农历 3 月 19 日，大顺军攻进了紫禁城，不久清军入关，夺取了大明的江山。在那之前的万历四十四年，即公元 1616 年，是满清的"天命"元年。同一年，大明的礼部官员们却在上疏，请求查办外国传教士，而徐光启的许多著作都是在传教士的帮助下完成的，为此，徐光启上疏为传教士辩护，并被获准复职。但对于徐光启的上疏，万历皇帝只是回复"知道了"，这种和稀泥式的做法，并不能解决问题，不久徐光启再次辞归。

三年之后，萨尔浒战败，徐光启上疏请求练兵，并提出为部队配备先进的火药，但因军费问题，这个建议迟迟没有下文。后来，徐光启自掏腰包从澳门购买了大炮，却又被告发私办军火。天启年间，辽东防务吃紧，一直追随徐光启的学生孙元化受到朝廷重用，兵部尚书孙承宗用他筑台制炮，协助袁崇焕守宁远城。此时，徐光启的红衣大炮才被派上用场，并于天启六年在宁远大捷中击中了努尔哈赤，致使后者身受重伤，七个月后不治而亡。但是，后来因为阉党作乱，袁崇焕和孙元化先后被罢官，心灰意冷的徐光启也跟着退隐，将主要精力都放在了修订《农政全书》上。到崇祯即位，阉党除，徐光启回京复职。但此后，东林党派兴起，大明仍是内斗不断。崇祯五年，爱徒孙元化在一场冤案中被杀，徐光启有心相救，却无力回天。次年，他也在忧愤中去世。西方军事派彻底淡出大明军队，军中再无善于制造、使用西洋炮火的专家。这不仅直接导致了大明军队的节节败退，更使后来的满清小觑西洋火器的威力，导致整个有清一朝火器发展缓慢，为清末的军事落后埋下了伏笔。

纵观徐光启的一生，其实是充满悲情的，他年过不惑才中进士，半生官场起起落落，很多主张都没能实施；他推广番薯、水稻，养活了很多人，翻译《几何原本》为我国数学打下基础，却没人重视；他晚年呕心沥血编纂的《农政全书》和《崇祯历书》，自己却都没能看到它们面市刊印；他研习西洋火器，希望能造炮保国，而曾被他寄予厚望的炮兵部队，后来却成为满清攻克大明的利器；他后来位至次辅，却保不住爱徒的性命。他死后，他的子孙陆续搬到现在的徐家汇居住，这个地方就被人称为"徐家库"，后改为徐家汇，成了上海近代文明开始的地方。清末，因为徐光启而繁荣起来的徐家汇，已经有了许多先进的西方科技和技艺。

上海，也因为本身就是传统的沿海贸易区，成为我国近代文明的摇篮。

徐光启被称为真正意义上的第一个上海人。他推广的番薯，早已被大面积种植，并被做成许多零食和小吃，受到人们的喜爱；他曾预言百年后人人必须认知的数学，也早早成了必修课；他建议采用的 24 小时制，被后来的统治者颁布，沿用至今。在我国历史的王侯将相中，徐光启算得上"默默无闻"，可他的学术成就，几乎无人可以替代。许多史学家认为，他才是真正"我国睁眼看世界第一人"，比曾国藩、林则徐、魏源等早了两百多年。

第四节 宋应星：杰出学者

宋应星（公元1587年—公元1666年），字长庚，明代著名科学家，江西省南昌府奉新县人，汉族江右民系。著有《天工开物》，初刊于 1637 年（明崇祯十年丁丑），共三卷十八篇，收录了农业、手工业，诸如机械、砖瓦、陶瓷、硫磺、烛、纸、兵器、火药、纺织、染色、制盐、采煤、榨油等生产技术。宋应星一生讲求实学，反对士大夫轻视生产的态度，对劳动人民怀有深刻的同情，对官府压榨人民深为不满。

图1 宋应星像

现在，宋应星的《天工开物》已经成为世界科学经典著作在各国流传，并受到高度评价。如法国的儒莲把《天工开物》称为"技术百科全书"，英国的达尔文称之为"权威著作"，日本学者三枝博音称此书是"中国有代表性的技术书"。英国科学史家李约瑟博士把宋应星称为"中国的阿格里科拉"和"中国的狄德罗"。

　　明神宗万历十五年（公元 1587 年），在奉新县的东南角，潦河南岸的北乡宋埠镇牌楼宋村，有一家远近闻名的书香门第，而明代著名的科学家宋应星就诞生在这里。宋应星的祖先本姓熊，在元代（公元 1260 年—公元 1368 年）末年，南昌府丰城驿丞（管理驿站的小官）熊德甫因逃避兵乱，携妻宋氏弃职迁居奉新县东的雅溪南岸，并且从此改姓宋，务农为生。宋德甫乘明初朱元璋皇帝奖励垦荒、免税三年之际，带领全家开荒种地。当时的泰新北乡，人烟稀少，遍处荒地。宋家育桑养蚕，栽稻种麻，创立家业。以后发展为雇工、佃田，收租取利，发迹成当地首富。

　　宋家家产不断发达，人丁兴旺，已经不满足于当一个豪绅富户了。弘治十八年（公元 1505 年），宋应星的曾组父宋景考中进士，出任山东参政。从此宋家进入官家兼地主行列。宋景的官职不断升迁，在朝廷中任都察院左都御史、南工部尚书、南吏部尚书转兵部尚书，他死时被追赠吏部尚书。这种死后加封，连宋景的父亲、祖父也一同享用，因此出现三代尚书。

　　宋应星出生在明神宗万历年间，此时明王朝已经统治了 200 多年，从兴旺发达时期进入衰败没落的明末时代。这时西方一些国家已经进入资本主义时代。中国 2 000 多年的封建社会也已开始解体，资本主义的商品经济开始发展起来，宋应星的家庭正是当时中国社会的缩影。宋应星幼时眉清目秀，一双眼睛光芒射人，镶嵌在白嫩的胖脸上，炯炯有神，令长辈们喜爱万分，都夸赞孩子有灵气。他在三四岁时即可口出韵语，说话畅达而有板有眼，立意峻拔，常常语惊四座。青少年时，老师也钟爱宋应星，逢人便夸他年少聪慧、智力超群。宋应星更是勤奋攻读《易》《书》《诗》《周礼》《仪礼》《礼记》《春秋左传》《公羊传》《谷梁传》《论语》《孟子》《孝经》《尔雅》等"十三经"儒家经典，他刻苦钻研，汲取其精华。可以说，不论周、秦、汉、唐、五代十国的史籍，还是诸子百家的著作，他无不通晓，却又不拘泥死读。

　　宋应星和一般寒窗苦读的文人不同，他既钻研学问，又关心"窗外事"。他很欣赏东林书院的对联："风声雨声读书声，声声入耳；家事国事天下事，事事关心。"他把革新政治和发展科技两个方面联系在一起，想以此来挽救明末的危机局面。在分宜教谕的四年任期里，宋应星不管是酷暑严冬，也不论白昼黑夜，都秉烛通宵，日以继夜，握笔不止。他好像要在一夜之间，把心胸敞开，倾吐尽肺腑之言。在 50 岁那年，宋应星一年内就刊行了《画音归正》《原耗》《野议》和《思怜诗》等著作。其中 1 万多字的《野议》，是在一夜之间疾书而成的。第二年，他发表了重要的代表作，十八卷的《天工开物》，以及《后言十种》等书。宋应星的代表作《天工开物》和《野议》，表述了他在科学研究和改革政治两方面的心得和主张。

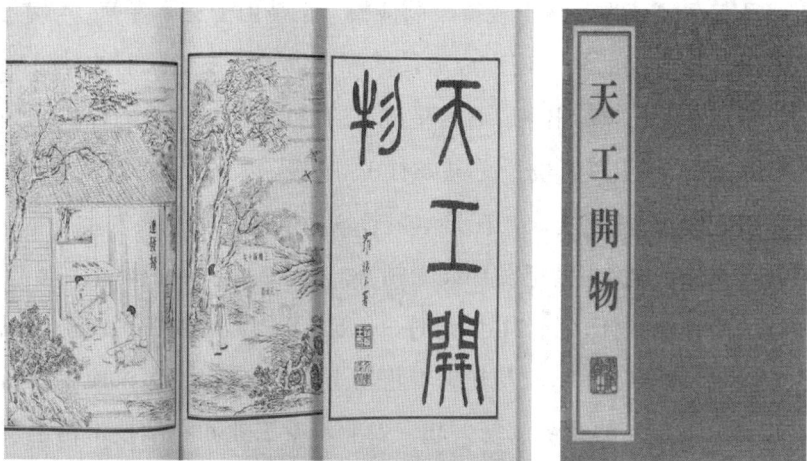

图 2　宋应星著作《天工开物》

《天工开物》是世界上第一部包含农业和手工业生产综合性著作，是中国古代一部综合性的科学技术著作，外国学者称它为"中国 17 世纪的工艺百科全书"。书中强调人类要和自然相协调、人力要与自然力相配合，更多地着眼于手工业，反映了中国明代末资本主义萌芽时期的生产力状况。它是中国科技史料中保留最为丰富的一部。全书分为上中下三卷 18 篇，并附有 123 幅插图，描绘了 130 多项生产技术和工具的名称、形状、工序。书名取自《尚书·皋陶谟》"天工人其代之"及《易·系辞》"开物成务",作者说是"盖人巧造成异物也"(《五金》)。全书按"贵五谷而贱金玉之义"(《序》)分为《乃粒》(谷物)、《乃服》(纺织)、《彰施》(染色)、《粹精》(谷物加工)、《作咸》(制盐)、《甘嗜》(食糖)、《膏液》(食油)、《陶埏》(陶瓷)以及《冶铸》《舟车》《锤煅》、还有《燔石》(煤石烧制)、《杀青》(造纸)、《五金》、《佳兵》(兵器)、《丹青》(矿物颜料)、《曲蘖》(酒曲)和《珠玉》。

我国自然科学史专家潘吉星,自1961年冬起,先后专程走访京、津、赣、豫、苏、浙湘、沪等地,搜求宋应星的佚著和传记原始资料,发现许多从未见过的家谱、著作的孤本、缮本。他历时二十多年,潜心研究宋应星及其主要著作,终于获得丰硕成果。正是由于有了专家、学者们,尤其是潘吉星先生的学术研究成果,奉献在读者朋友们眼前的计量人物传记故事,才有可能写出来。潘吉星统计的结果表明,从1637年到1977年的340年内,《天工开物》总共发行16版次,大约平均每20年一次。其间在中国发行8版16次,在日本发行3版5次,在欧美发行1版次。若以时代来计,则20世纪发行最为频繁,共12版次,平均不到6年半即发行一次。他预计,到21世纪时,《天工开物》将要在国内外出现更多的新版本,《天工开物》及其著者正在走向再度辉煌[①]。宋应星生活在明末清初,正是商品经济蓬勃兴起,农业、手工业和科学技术迅速发展的时期,同时又是社会矛盾和民族矛盾日趋尖锐、社会动荡、思想活跃的时代。历史学家们称之为"天崩地解"的时代。

《天工开物》既是一笔珍贵的科学遗产,又是科学技术史上一块辉煌的里程碑。《天工开物》记载的全国各地的农业、手工业的生产技术,在当时以及后来相当长时间里都是世界第一流的。这里有我国农民最早施用有机磷肥和石灰改良土壤的记录;有育苗移秧中耕培土种植甘蔗的先

---

① 马松源. 巨人百传 中国卷 科技英杰卷 图文珍藏版[M]. 北京:线装书局,2012.

进技术；有由铁水直接炼熟铁的连续生产工艺的记载；有独特的"灌钢"冶炼法记录……都是当时的世界纪录。

《天工开物》中叙述的连续鼓风的活塞木风箱，比欧洲要早一百多年；记述的锌的冶炼和铜锌合金的生产技术，是世界上的首次文献记载。

宋应星记录了农民培育水稻、大麦新品种和利用蚕蛾杂交"幻出嘉种"的许多事例，明确提出"物种随水土而分"。这种关于物种变异的最早论断，比德国生物学家伏尔弗早 120 年，而被英国著名生物学家达尔文在 200 多年后引为论据。《天工开物》在发表的初期即已轰动全欧洲，在日本兴起了"开物之学"。就是在今天，世界的科学技术已经突飞猛进，仍然有许多学者对《天工开物》很感兴趣。《天工开物》成为世界科学技术名著，这是值得我们自豪的。

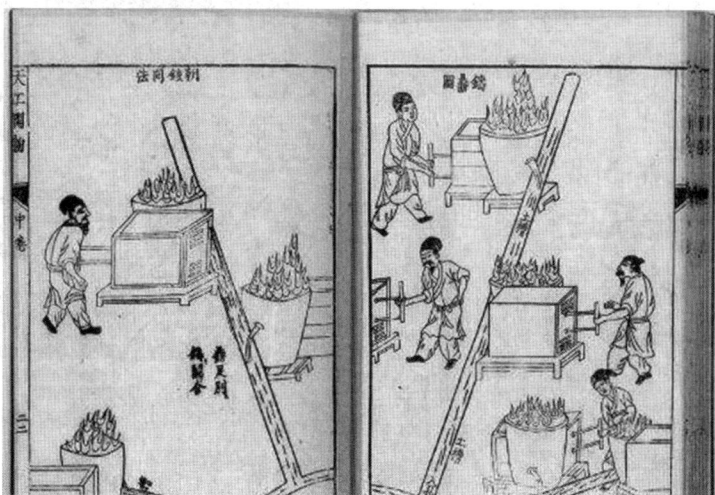

图 3　《天工开物》图解

中国人在三四百年前的明代，就有宋应星这样的科学家在世界科学技术领域中作为带头人，记录下居于世界前列的中国科学技术。他鼓舞着我们奋发图强，让中国的科学技术再次在国际上领先！他启迪我们要重视科学、尊重人才、努力造就出一大批当今世界第一流的科学家、计量学家和发明家！

第五节　梅文鼎：中西融通

梅文鼎（公元 1633 年—公元 1721 年），字定九，号勿庵，安徽宣城人。梅文鼎早年跟随父亲梅士昌研习儒家经典，其中讲求变易圆通的《周易》对梅文鼎影响很大，梅文鼎在当时有"神童"的美名。在父亲的影响下，梅文鼎自幼喜爱观测天象，为后来自己在天文学方面的作为奠定了基础。梅文鼎是清初著名的天文学家、计量学家、数学家，为清代"历算第一名家"和"开山之祖"。

梅文鼎中西融通、尤精算法。他师从道士倪观湖开始学习数学、历法，终身潜心学术。明末清初西方科学知识的传入，对梅文鼎产生了巨大影响。倪观湖看到梅文鼎的一些补正前人历法的科技成果，认为梅文鼎才智超越自己。从此，梅文鼎坚定了研究历算之学的志向。

梅文鼎对中西天文学的造诣都很深，天文学著作有 40 多种，纠正了前人的许多错误。梅文鼎非常注重天象观测，

图 1　梅文鼎像

创造了不少兼收中西方特色的天文仪器，如璇玑尺、揆日器、侧望仪、仰观仪、月道仪等。他在这些方面的贡献，对当时和后世融会贯通中西方天文学具有很大作用。

中国传统历法，以元代郭守敬《授时历》最为精密，明代沿用更名为《大统历》。梅文鼎的研究即从《大统历》《授时历》开始，上溯到历代 70 余家历法，一一求其根本与源流，同时参阅研究西洋各家历法，比较中西名实异同，求得中西历法的会通。梅文鼎一生写了 50 多种历算书，

其中包括著名的《古今历法通考》，被乾隆钦定《四库全书》收录。

梅文鼎的第一部数学著作是《方程论》，著书之日正值杨光先"历讼"失败客死他乡后不久，西洋教士趾高气扬，蔑视中国传统文化。梅文鼎抓住"方程"这一"非西法所有"的中国传统数学精华首先发论，来显示中华数学的骄傲，是颇有爱国情怀的。他说："愚病西儒（指传教士）排古算数，著《方程论》，谓虽利氏（指利玛窦）无以难。"[①]

图 2　梅文鼎著作

《勾股举隅》为梅文鼎研究中国传统勾股算术的著作，全书一卷，其中的主要成就，是对勾股定理的证明和对勾股算术算法的推广。书中首列"和较名义"，其次以两幅"弦实兼勾实股实图"来说明勾股定理，其论说的根据是出入相补原理。在内容上，本书大致上可分作两部分，一部分为勾股算术，另一部分主要为勾股测量。梅文鼎毕生致力于复兴中国传统的天文和算学知识，他系统考察古今中外历法，又介绍欧洲数学，综合研究中西历算，推进中西天文学的融合。梅文鼎在介绍和发展来自

---

① 应届毕业网. 数学家的故事［EB/OL］.（2023-3-7）［2023-7-1］. http://www. yjbys. com/lizhi/gushi/623960. html.

西方的数学知识方面起了重要作用，对后世影响深远。

"西学中源"，是明清之际西方科学传入中国之时，在中国大地上出现的一种西学源自中国的观点。这一论点的产生源于明清之际的中西学术之争。进入康熙中叶以后，康熙皇帝为了顺利采纳西方科学，平息中西学术之争，也极力提倡"西学中源"说。康熙对"西学中源"说的提倡得到了梅文鼎的热烈响应。

图 3　康熙帝与梅文鼎交谈图

梅文鼎生活的年代，是一个极其复杂的时期。他经历过改朝换代，也学习过中西两种学术，种种原因造就了他极其复杂的心理状态。他既有强烈的学习西方天文和数学的愿望，却又怕"弃儒先"，这促成了他对"西学中源"说的极力宣传。为了论证"西学中源说"，他凭借自己对中国古代典籍的了解，不厌其烦地在天文和数学领域，为西方若干重要理论寻根溯源："地球有寒暖五带之说"即《周髀算经》中的"七衡六间说"，"地圆说"即《黄帝内经·素问》中的"地之为下说"，"本轮均轮说"即《楚辞·天问》中的"圜则九重说""几何即勾股论"，等等。"西学中源"说在今天看来既有悖于事实且十分可笑，然而在清代却是谬种流传，影响了一代文人士子。梅文鼎阐扬西学中源说，无疑是迎合了封建统治者的统治需求，但这种狭隘的民族主义也极大地阻碍了近代科学在中国的传播。梅文鼎一生著述十分丰富，在他生前自撰的《勿庵历算书目》中列有天文学著作 62 种，数学著作 26 种。梅文鼎的著作常常以平实浅近的语言来阐述深奥难懂的道理和方法，使读他的书的人，无须详细求解就能领会其要领，因而深得读者喜爱。梁启超说："我国科学最昌明者，惟天文算法，至清而尤盛，凡治经者多兼通之。其开山之祖，则宣城梅文鼎也。"

第六节　康熙：累黍定尺校尺度

康熙（公元 1654 年—公元 1722 年），清代著名皇帝，杰出的政治家，姓爱新觉罗，名玄烨，年号康熙，在位六十一年。自幼学习汉族文化，精通射猎武艺，智勇兼备，才略过人。年少登位后，因辅政大臣鳌拜继续推行圈地等反动措施并专擅专政，设计清除鳌拜，亲掌朝政。康熙深受祖母太皇太后的疼爱，从小受其影响极深，祖母对他培养爱护有加，帮助他顺利登上皇位，并逐步加以扶正，出力不少。

图 1　康熙像

康熙亲政后，做了很多巩固清王朝的大事，影响深远。

　　清康熙二十一年（公元 1682 年），鳌拜被惩治、漕运被整顿、河工步入正轨、三藩被削平，清王朝呈现了"天下无事"的局面。朝廷中出现了要求整顿礼乐制度的呼声，得到了康熙皇帝的认同。由于按照传统的礼乐制度，音律是否和谐，取决于黄钟律的准确与否，而黄钟管长又与律尺标准有密不可分的关系，这样由制订礼乐制度开始，导致对尺度标准的重新考订，拉开了康熙时代度量衡科学研究的序幕，并完成了整理度量衡制度的计划。

在考订度量衡的过程中，康熙皇帝采用了汉民族历史文化传统中的"乐律累黍"学说，"乐律累黍"学说在中国起源很早，《尚书·舜典》中有"同律度量衡"之语，《孙传》载"律者，侯气之管，度量衡三者法制皆起于律"[①]。这就是说度量衡之制也是起于黄钟之律。到了西汉末年，律历学家刘歆总结了先秦以来度量衡的发展，把单位量值、进位关系、标准器的制作，以及管理制度等详细记录下来，写成《审度》《嘉量》《权衡》三篇文章，形成了系统的度量衡标准学说，收入到《汉书·律历志》中。该学说认为度、量、衡标准都与音律中的黄钟有关，可以通过黄钟律以累黍定尺方式加以确定。《汉书·律历志》对该学说有具体记载："度者，分、寸、尺、丈、引也，所以度长短也。本起黄钟之长，以子谷秬黍中者，一黍之广度之，九十分黄钟之长。一为一分，十分为寸，十寸为尺，十尺为丈，十丈为引，而五度审矣……量者、龠、合、升、斗、斛也，所以量多少也。本起黄钟之龠，用度数审其容，以子谷秬黍中者千有二实其龠，以井水准其概，合龠为合，十合为升，十升为斗，十斗为斛，而五量嘉矣……权者，铢、两、斤、钧、石也，所以称物平施，知轻重也。本起黄钟之重，一龠容千二黍，重十二铢，两之为两，二十四铢为两，十六两为斤，三十斤钧，四钧为石。"[②]

乐律累黍学说以声之音，定律之长，由此来定度量衡，它的关键在于用一种特定的北方黑色黍米作为中介物，认为通过这种黍米的排列，可以得到长度标准；通过对它在黄钟律管中的累积，可以得到容量标准；通过对其一定数目的重量判定，可以得到重量标准。但是在实践中，乐律累黍的方法实现起来有相当大的难度，黄钟律管径大小，黄钟律管长

---

① （春秋）孔子. 尚书［M］. 长春：吉林出版社，2017.

② （东汉）班固. 汉书［M］. 桂林：漓江出版社，2018.

长短都可能有差异，不可能一律，而这些又与律管发音高低有关。选择某一特定的音高相应的律管管长作为长度标准，以之定度量衡要前后相准是非常困难的。

按照《汉书·律历志》的记载，用 90 粒北方某一黑黍米排列在一起，正好相当于黄钟律菅的长度 9 寸，但这一长度按康熙时的尺度去量，则只有 7 寸左右，怎么也不到 9 寸，其原因就是古今尺度不同。康熙皇帝面对这个问题认为古今尺度有变化，但黄钟律的长短不会变化，黍米的大小也不会变化，用累黍定律之法考定尺度，确定黄钟律的本长，应该是可行的。在具体确定尺度标准和黄钟律的本长中，康熙皇帝巧妙地用黍米的纵排和横排化解了古代理论与当代现实统一的矛盾。"御制"《律吕正义》详细记载了康熙皇帝的做法及认识，黄钟律古今相同是不变的，但要考定它，则首先要确定尺度，而要确定尺度，就必须采用累黍之法。康熙皇帝用累黍之法验证的结果，纵排百黍得今尺（清营造尺）1 尺，横排百黍得今尺（清营造尺）8 寸 1 分，古尺 1 尺，因此古尺 1 尺相当于今尺（清营造尺）8 寸 1 分；黄钟律长古尺 9 寸，相当于今尺（清营造尺）7 寸 2 分 9 厘。这种结果正好与《汉书·律历志》"一黍之广度之，九十分黄钟之长"的记载相符，由它得出的黄钟律是"古人造律之真度"[1]。因此可以把横排和纵排两种累黍方式得到的尺度，分别定为古今尺度的标准。康熙皇帝用传统累黍定律的方法，很巧妙地为当时清营造尺的尺度标准找到了依据，也为整个度量衡体系的标准找到了依据，就这样考订了当时度量衡制度的准则，确定了古今尺度的比值，并以考订后清营造尺的尺寸为法定标准，用它来核定量器升斗的容积，核定衡器砝码的轻重，并在全国推行统一后的度量衡器，取得了很好的效果。

康熙皇帝累黍定尺的实践，推动了前清度量衡科学的发展，促进了度量衡的进步。《中国度量衡史》一书作者吴承洛先生，对于康熙皇帝累

---

[1]（东汉）班固. 汉书［M］. 桂林：漓江出版社，2018.

图 2　康熙累黍定尺

黍定尺考订度量衡的意义作了精辟的评价："以纵累百黍之尺为'营造尺'是为清代营造尺之始，举凡升斗之容积，砝码之轻重，皆以营造尺之寸法定之……沿用数百年，民间安之若素，其考订之功，可谓宏伟。"清康熙皇帝亲用"累黍法"验证古尺与清营造尺尺度的关系，并在当时的社会生产实践中予以推广使用。清康熙九年（公元 1670 年）"改新法为九十六刻"，与国际接轨形成"周日十二时，时八刻，刻十五分，分六十秒"的时间计量单位制。至此，中国时间计量单位中的每"刻"等于 15 分钟，最小时间计量单位为"秒"。

第七节　严谨治学的王贞仪

王贞仪（公元 1768 年—公元 1797 年），字德卿，生于江宁府上元县（今南京），籍贯安徽天长，清代著名女科学家。她 1768 年生于江宁一个医生家庭，父亲王锡琛精通医学，以行医为业，在他的影响下，王贞仪也精通医学。她的祖父王者辅，字惺斋，曾任丰城知县和宣化知府，精通历算，藏书颇丰。十一岁时，王贞仪随祖母去吉林为祖父奔丧，在吉林生活的五年使她有机会阅读祖父丰富的藏书，知识和才干也因此增长。后来她又随祖母和父亲去过北京、陕西、湖北、广东

图 1　王贞仪像

和安徽等地，游览名胜古迹、接触社会现实的同时，也增长了见闻。好学的王贞仪冲破封建社会世俗种种阻碍，刻苦自学，在天文学、数学、地理学、医学等学科中西贯通，勇于创新，最终成为女计量学家和科学家。王贞仪被当代学者誉为"18 世纪中国妇女中的异人"。

王贞仪少有大志，少年时代的她就已表现出了不同于一般女子的坚强性格。十几岁时，她就向蒙古将军的夫人学习骑射，史书说她"跨马横戟，往来如飞"。此外，她还强调学问并不是专门为男人而设的，女子的智慧并不比男子差，学成了一样有益于社会。正是她这种羡慕男儿、渴望学习知识的欲望，使她后来成为清代著名的女天文学家、数学家和医学家。25 岁时，王贞仪结识了一名叫詹枚的青年并与之结婚。她从事天文学、数学等方面的研究，著有《西洋筹算增删》一卷、《重订策算证讹》一卷、《象数窥余》四卷、《术算简存》五卷、《筹算易知》一卷。29

岁时，王贞仪因病去世。

王贞仪的计量成就：17 世纪，英国数学家皮纳尔发明了一种算筹计算法，明朝末年传入我国后被称为"策算"。王贞仪对此进行了研究，写了三卷书向国人介绍西洋筹算。她在著作中对西洋筹算进行增补讲解，使之简易明了。

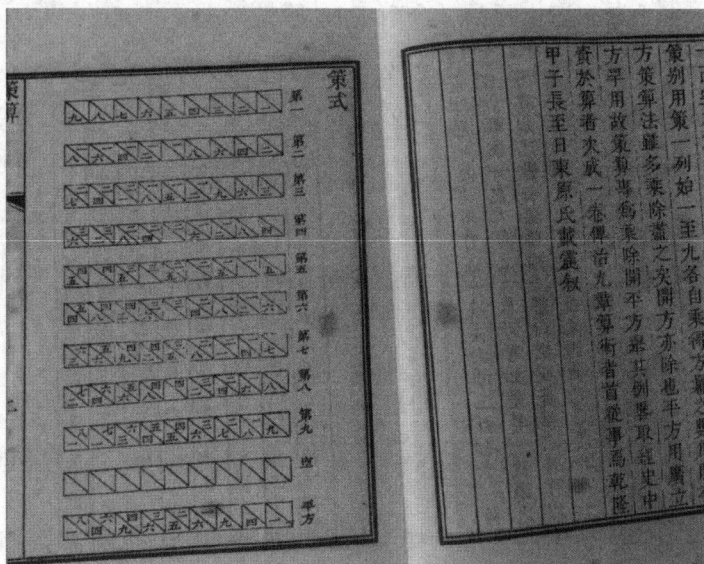

图 2　王贞仪书稿

王贞仪曾把吊灯当作太阳，圆桌当作地球，镜子当作月亮，通过不断变换月亮、地球和太阳之间的相对位置，来研究日月食的形成原理以及月食同望月的关系。最终她实验得出月食的原理就是地球挡在太阳和月亮的中间，日食的原理是月亮挡在了太阳和地球的中间，还以此写下了《月食解》。

同时她在《地圆论》中说，地上的人都以自己居住的地方为正中。对宇宙空间来说，任何地方的人头上都是天，脚下都是地。王贞仪正确地认为，在广阔无垠的宇宙空间中，没有上、下、侧、正的严格区别。在当时那个年代，有这样的认知是很可贵的。

王贞仪对当时学界一些普遍的错误认知也都作出反驳和批评。她提出，恒星年同回归年的区别并不是源于《太初历》，而是自晋代虞喜发现"岁差"以后才"天自为天，岁自为岁"。历书上说，由于岁差，春分点逐渐东移。王贞仪指出，这是错误的，岁差引起的春分点移动是西移。

对于岁差可以用"土圭"测得的说法，王贞仪指出，土圭只能测日影，无法测岁差，岁差只有用"中星法"才能测出。在我国何时产生"定气"的问题上，有人认为古人对日行迟疾没有认识，"定气"始于唐代历法。王贞仪批评说，这又错了。"定气"开始于北齐的张子信，其后隋代刘悼，唐朝李淳风和僧一行才测得更加精密了。王贞仪这些批评和见解，基本符合中国古代天文学的实际。她这种一丝不苟的治学态度，如今仍使我们钦佩。

同任何科学家一样，王贞仪的科学道路并非一帆风顺，她要从事科学，就必须同科学的敌人——封建迷信和封建伦理进行斗争。还在她刚开始钻研天文时，就有一班封建卫道士不停嘲笑她。但王贞仪的反叛精神使她没有屈服，她据理驳斥，顽强地顶住陈腐的封建教条的重压，不屈不挠地进行科学研究。在第三季的《国家宝藏》中，介绍了金嵌珍珠天球仪——这正是王贞仪天文成就的体现。王贞仪对封建社会对妇女的歧视和压力置之不理，并为妇女在封建社会中没有受教育的权利而大声疾呼，充分表现出一个刚强的女性那种要求自尊、自强、自爱、自立、平等的崇高精神。1786—1792 年，王贞仪 18 岁到 24 岁的六年是她科学研究撰写著作的黄金时代，在此期间她把主要精力放在研究天文学数学等自然科学上。

图 3　王贞仪研究天文时所见到仪器

在王贞仪所处的时代，哥白尼的"日心论"在欧洲经历着艰苦的斗争，来华的耶稣会传教士故意隐瞒这一动摇神学基础的学说。由于当时中国学者均不能直接阅读外国资料，对耶稣会传教士的隐瞒或歪曲无能为力，从而大大妨碍了人们对欧洲天文学最新成果的了解。而且，清代大学者阮元还攻击"日心论"，认为"其为说至于上下易位，动静倒置，则离经叛道，不可为训"[①]。清代另一大儒钱大昕对哥白尼的学说持实用主义态度。他在《地球图说》的文字说明中，坚持被颠倒的开普勒定律，竟说："地为球形，居天之中。"最后还劝读者："不必喜其新而宗之。"而王贞仪却站出来宣传"日心论"。在《岁轮定于地心论》一文中，王贞仪反复宣传、阐述"日心论"，指出："七政[②]之天，皆以日为心者。金、水二星轮小，乃自太阳之相距以观反成大圆觉似以日为中心也。"王贞仪竭力纠正自古以来被认为是天经地义的"地心论"的做法是难能可贵的，这完全是她通过长期的星象观察所得出的结论，在当时的中国是先进的天文学理论、有价值的科学发现。

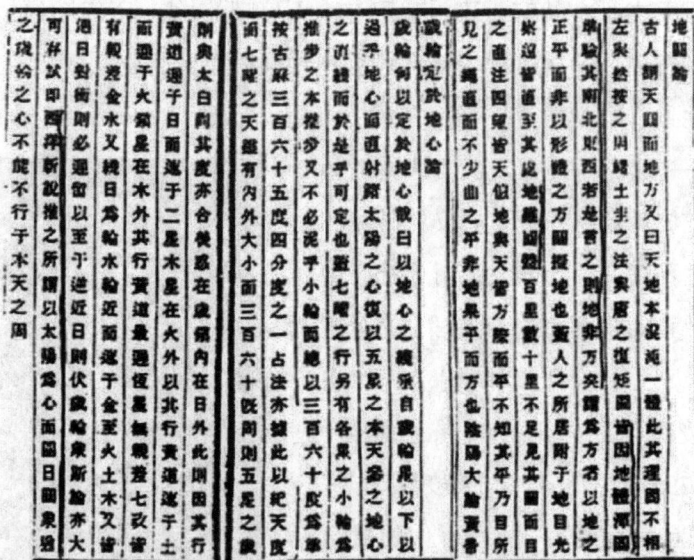

图 4　王贞仪所写《地圆论》《岁轮定于地心论》中宣传地球圆体和
哥白尼"日心论"内容的影印页

① 阮元.《畴人传》[M]. 上海：商务印书馆，1955.
② 我国古人把日、月和肉眼能见的金、木、水火五大行星合称为七政（七曜）。

1994 年，国际天文学联合会将金星上的一个陨石坑命名为"王贞仪"，天空的银汉间，从此刻下她的名字。银汉横陈，星罗万象，王贞仪的天空广袤无垠，向来不为他人设限。从天文计量，到人格魅力，这样的王贞仪值得我们敬佩。

第八节　邹伯奇：计量奇人

邹伯奇（公元 1819 年—公元 1869 年），广东广州府南海县（今佛山市南海区）大沥镇泌冲人，幼名汝昌，字一鹗，又字特夫、征君。中国清代物理学家、学者、中国近代科学先驱，在天文学、测绘学、力学等方面均有卓越贡献。邹伯奇 17 岁的时候开始研究光学，到了 1844 年制成照相机，邹伯奇也因而被世人称为"中国照相机之父"。他还制造过望远镜、显微镜、七政仪等，同时又是近代墨学研究

图 1　邹伯奇像

第一人。邹伯奇不仅擅长天文算学，精通文史，而且从青年时代就醉心于地图绘制，钻研西方制图术之余，致力于改进地图绘制方法。

邹伯奇计量方面主要成就包括以下几方面：

第一，咸丰三年（公元 1853 年），他设计制造了"天球仪""对数尺"等仪器，对数尺有多种功能，除一般的计算之外，还能做气节、天文、体积等计算。

第二，邹伯奇对西方绘图术深有研究，他认为"用半度切线法，内密外疏，与实数不符"。他研究出用曲线表示经纬线的画法，因为地球是圆形的，"以圆绘圆，其形乃肖也"。但是邹伯奇并没有全然放弃传统舆

图绘制方法，而是汲取中西测绘技术之长，将西方地图测绘的关键技术
为我所用，无疑推动了中国舆图绘制的科学化进程。

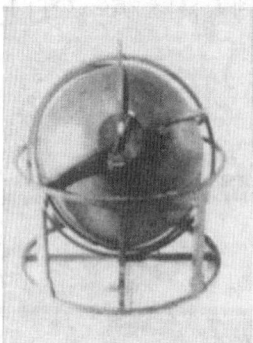

图 2　天球仪

图 3　对数尺

第三，他是国内使用摄影器测绘地图的第一人，几乎与西方人同时
运用了摄影测绘术。他在青年时期从《梦溪笔谈》中得到透镜成像原理
的启发，自制摄影器用作绘制地图和平面测量，便利了测量工作，开启
了中国近代测绘技术之门。同治三年（公元 1864 年），进行了摄影绘地
图法的实地绘制。

第四，1844 年，25 岁的邹伯奇用自己的方法改绘《皇舆全览图》。
由于他摹绘的地图能符合"地圆之理"和"地球弧面"，因此相较同时期
或早些时候的地理学家绘制的地图，在科学性、精确度上更胜一筹，广
受周围弟子、友人、学者赞誉，纷纷传阅和临摹，乃至刻印成书。

第五，负责《南海县志》等地图测绘任务，被视为舆图测绘的典范，
成为晚清城图测绘不断成熟的代表，不仅受到当时的认可，也受到后世
修志者的充分肯定，其技术方法沿用很久。由于同治《南海县志》中还
包括广州城图，绘出经纬网并详细标注出城内的道路网络及主要建置，
亦被后世研究者视为广州城图绘制走向科学与成熟的标志。

邹伯奇的摄影器也就是照相机。只要有感光化学物和配置感光板，
照相即可成功。根据学者的调研，邹伯奇解决了这些问题。邹伯奇以他

自制的照相机和感光化合物拍了许多照片。其中一块自拍像玻璃底版珍藏在广州市博物馆。1973 年，戴念祖用这底板冲印了极为清晰的邹伯奇相片。有学者指出，目前并没有证据证明邹伯奇的相机曾经参考了达盖尔的发明（第一台实用的银版照相机），所以很有可能他是独立完成了相机的发明。

图 4 《皇舆全览图》

1708 年由康熙下令编绘中国第一份有经纬度的地图——《皇舆全览图》，以天文观测与星象三角测量的方式进行，采用梯形投影法绘制，比例为四十万分之一。而邹伯奇曾手摹过此图。

邹伯奇一生"好覃思而懒著述"，留下的成书寥寥，大量遗稿只为备忘而记，很不系统。邹伯奇在世时没有经济能力为自己出书，直到他去世后，邹伯奇的部分书稿在广东一些学者的资助下，才得以印刷流传。邹伯奇的遗作主要编印为《邹征君遗书》《邹征君存稿》，在他身后名声鹊起。他最有影响力的是一篇短文《摄影之器记》，是中国通用的"摄影"一词的开创之作。

在著作《中国近三百年学术史》中，梁启超谈到清代算学等学术时，数度将邹伯奇列为科技方面的代表人物之一，其中最重要的评价是："特夫又自制摄影器。观其图说，以较现代日出日精之新器，诚朴僿可笑，然在五十年前无所承而独创，又岂不可谓豪杰之士耶？"[1]可见邹伯奇不仅在计量方面取得巨大成就，他为我国的科技进步也作出巨大的贡献！

邹伯奇不仅在摄影方面有很高的造诣，同时还是个饮誉天文学、数学、测绘等多个科技领域的全才。在天文学方面，邹伯奇对古天文学进行了深入研究，绘制出天文图表，绘制和撰写了《甲寅恒星表》《赤道星图》和《黄道星图》三卷天文著作，而且还制造了"天球仪"和"七政仪"，用"七政仪"形象地演示了太阳系和各大行星围绕太阳运行的情况，宣传了哥白尼日心地动说，驳斥了当时的"天动地静说"，并计算了从辛酉（公元 1861 年）开始的若干年内五大行星的年运动情况，其中包括了水星"远日之期"的预报、金星离日四十度为最明的预报、三颗以上行星会聚时间和位置的预报，从而为我国近代天文学史写下了光辉的一页。

在数学方面，他著有《磬求重心术》《求重心说》三角、几何论文和《乘方捷术》《对数尺记》等代数论文，而且还善于把数学应用于实际，总结我国有关几何光学方面的经验，发展了沈括在《梦溪笔谈》中所阐述的格术。在 25 岁那年（公元 1844 年），他写成了《格术补》，这是一部比较完整的几何光学著作。

邹伯奇还擅长测绘，今有石刻《浔冈洲地图》和《桑园围全图》传世，均由广州市博物馆收藏。当时，学术造诣颇深的道光举人陈澧在《浔冈洲图》的右上方作一题记，说此地图"每一方格为一里，长短皆合，二十四向不差，山水形势无不毕肖，地图至此精密极矣"[2]。由此可见，邹伯奇严谨务实的科学态度，确实值得后人学习。这一块石刻《浔冈洲地图》对研究珠江三角洲的地理是一件不可多得的历史文物，同时也是地理学科有较好学术价值的实物资料。

---

① 周永卫，王德奇. 珠江近代学说学派 [M]. 广州：广东旅游出版社，2018.
② 伍庆禄，陈鸿钧. 广东金石图志 [M]. 北京：线装书局，2015.

邹伯奇还著有《对数尺记》《古尺步考》《嘉量形制考》等著作论述力学、度量衡等问题。同时，他还设计制造了"天球仪""浑圆水准仪""水银溢流式水准器""风雨针"等测量装置和仪器。在光学理论上，邹伯奇探讨了小孔成像、透镜原理，眼睛与视觉的光学原理，望远镜和显微镜的结构和原理，独立地获得了透镜和透镜组的焦距与成像的正确的数学公式，在中国创立了以几何学演算光学问题方法。邹伯奇卒后，西方有关光学知识才传入中国。他是中国传统光学的继承者，亦是中国近代光学的开创者，并享有中国"以算术释物理，自特夫始"（梁启超语）之盛誉。

第九节　吴大澂：严谨考证权衡度量

吴大澂（公元 1835 年—公元 1902 年），字清卿，号恒轩，初名大淳，江苏苏州吴县（今江苏苏州）人，生于清道光十五年（公元1835 年），清末重臣。

吴大澂曾求学于苏州正谊书院，求学期间正值冯桂芬主持正谊书院，冯桂芬在正谊书院执教的三年，在教学实践中经世致用之学被冯桂芬充分贯彻。纵观吴大澂为政期间，

图 1　吴大澂像

修水利、厘定中俄边界、创办吉林机器局等工作，可以看出吴大澂在正谊书院时间虽短，但深受冯桂芬影响。无论是在宁古塔地区戍边的功绩，或者是他厘定中俄边界，还是他在治河、外交、金石、古文字研究等方面都取得了不小的成就。尤其是在外交方面的工作卓著，他协助管理宁古塔边防军务期间，恰逢内忧外患期间，中俄大肆蚕食中国土地，事态严重，吴大澂率兵勘察边界，厘清中俄边界，又亲自组建成边军队——

三营靖边军，用于改善边防情况，保境安民，同时将勘测中俄边境情况上报清王朝。光绪十二年，时任都察院左副都御史的吴大澂牵头与沙俄签订了《中俄珲春东界约》和《中俄查勘两国交界道路记》，吴大澂据理力争，收回被沙俄侵占的百余里黑顶子地区，并更正"土"字界碑，至今仍是中俄边界的重要依据。除此以外，外交方面，吴大澂还亲赴朝鲜，抵制日本在光绪九年入侵朝鲜的行为。吴大澂治河亦有功绩，光绪十三年，黄河郑州十堡段决口，光绪十四年，吴大澂奉命到河南办理堵口工作，治河期间，吴大澂管理严格，对下属官员分工明确，严限完工，同时工程筹划合理，方法恰当，严办治河贪腐问题，他首倡在黄河使用水泥修建工程。

我国现存最早的度量衡相关论著包括《周礼·春宫》《周礼·考工记》《尚书》等。我国于春秋晚期出现度量衡相关理论，东汉早期发展完善，尤其是《汉书·律历志》中，以黄钟律管和累黍相互验证，确定出度、量、衡相互之间的关系。书中阐述了度量衡单位和进位的关系。此后，中国历史上的各朝各代基本都继承了《汉书·律历志》中的度量衡体系。例如李淳风所撰的《隋书·律历志》，指出了《汉书·律历志》秬黍之说的理论瑕疵，并将隋代以前的各种容量和权衡情况做了一个全面的总结与回顾。宋以后，随着金石学的兴起，度量衡方面的研究不仅仅存在于律书之重，例如北宋吕大临的《考古图》中，详细记述了所载器物的容量、尺寸合出土地点等。宋朝蔡元定《律吕新书》依备数、审都、嘉量、权衡次序介绍中国古代度量衡制度。及至明代，朱载堉著《律学新说》中记载了明代的度量衡器具，在他的著作的《律吕精义·内篇》中对也有大量篇幅用来记载叙述度量衡，朱载堉还对历代尺度做了考证，并准确的校正了明代的部分用尺。朱载堉除了考证律和尺以外，还考证了周秦至唐宋的斛法。及至清初，康熙主编的《律吕正义》及乾隆御订的《律吕正义后编》，基本沿袭了明代的度量衡制度，逐步形成了清代的度量衡制度。除以上律书以外，历代律书、史书中的食货志部分以及《淮南子》

《说苑》，南宋《演繁露》《玉海》《续古今考》，元代《文献通考·乐考六》《小尔雅》等都对度量衡有记述。此外，还有很多关于度量衡的诗词，如白居易《中和节谢赐尺诗状》、刘禹锡《平权横赋》、张九龄《谢赐尺诗状》等，此处不一一赘述。从上述来看，可以明显看出我国度量衡史料分布相对零散，更多出现在乐律学和史书中，体现了中国传统度量衡"律度不分"的特点。丘光明等曾评价："中国古代度量衡没有形成专门的学科，故历代文献中没有系统专题的记述，不过随乐律、历算以及食货、考工之学并存"①。

　　清代度量衡之紊乱，根源在于清代官员打着为国家牟利的旗号，利用度量衡器作弊，"入则重出则轻"，经办人从中渔利，上行下效，导致民间误以为国家对与度量衡没有一定之规，自行制定度量衡器，时间长了，官方度量衡器应合民间。同时，鸦片战争以后，闭关锁国的清政府的大门被帝国主义列强的战舰打破，《南京条约》约定开放广州、福州、厦门、宁波、上海五处港口，此时的清政府，已经无力管理国内紊乱的度量衡，海关度量衡管理的权利也流落于列强之手。咸丰九年（公元1859年），粤海关（广东海关旧称）权被英国人李泰国攫持，之后各帝国主义国家竞相效仿，使得中国的海关控制权尽数落入列强之手。海关上使用的币制合度量衡制度，中国人无权过问。各国海关借口中国度量衡混乱无规，均设专款条例确立相互折算办法，由此导致了海关尺和关平秤的出现。在这种情况下，吴大澂在《权衡度量实验考》一书中提出了：不知古尺，不可与言律；不知古律，不可与言数。数起于黄钟。黄钟之律，失其制，则权衡度量皆不得起正。而古乐由以正矣；律吕之误，误于汉刘歆之私说以黄钟律管为九寸，而不言起口径容黍之数。"②首次以实物验证的形式，对古度量衡器和物品进行了实际测量，提出了西汉刘歆对黄钟律管只言其长，不言其径，而论其容黍的数量的错误，导致以后的

---

① 安然. 略论吴大澂的传古之功 [M]. 长春：东北师范大学，2007.

②吴大澂. 权衡度量实验考 不分卷 [M]. 绍兴：上虞罗氏，1915.

班固撰写《汉志》、郑玄为《周礼》注释时，均沿用了刘歆的说法，这种情况一直延续到宋代蔡季通（蔡元定，公元 1135 年—公元 1198 年，字季通）的《律吕新书》和清代钱溉亭（钱塘，公元 1735 年—公元 1790 年，字学渊，号溉亭）的《律吕古谊》均延续了前几种说法。吴大澂著书《权衡度量实验考》，期望三代之权衡度量，晦而复显。

《权衡度量实验考》一书，是晚清吴大澂对度量权衡的实验后，得出数据，于 1894 年成书，并以"权衡度量"命名，首次将度量衡从律学和金石学中独立出来。研究《权衡度量实验考》要结合前人对度量衡，尤其是黄钟律管的记载以及当时清政府所定的度量衡标准来综合分析。此书在中国度量衡史研究领域，具有独特的意义和价值，目前学界虽承认该书的影响，但缺少针对性的专题研

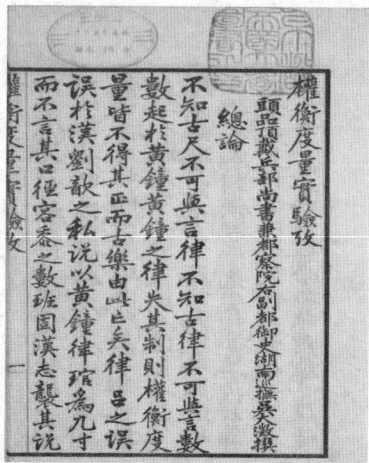

图 2 《权衡度量实验考》书影

究，吴大澂工作所得结论，无论正确与否，对今天的度量衡史研究都有重要的借鉴作用，值得关注。宋人已注意古器物制度之研究。程易畴著《通艺录》时，在《考工创物小记》中对钟、搏、干戈、戟、匕首等古器物作了分类研究。光绪年间，吴大澂广搜古玉器如圭、璧、琮、环、珑等古器物，参以古俭、古瞿，推求周镇奎尺、黄钟律馆尺度，并以黄钟律馆较汉、魏、唐、宋历代尺度，对汉虑虒铜尺、王莽铜尺、晋前尺、唐开元尺、宋三司布帛尺等作有初步的简要的比较考证，所撰《权衡度量实验考》，对黄钟律管的考证和历代古尺图录和比较数字，均极续密，其学识成就，远过前人。

第六章　近现代计量人物

　　1875年，17个国家的代表在法国米制外交会议上签署《米制公约》，这标志着近代计量的开始。这一阶段的主要特征是：计量摆脱了利用人体、自然物作为"计量基准"的原始状态，进入以科学技术为基础的发展时期。这个时期的计量基准大都是经典理论下指导的宏观实物基准，例如：根据地子午线长度的四千万分之一长度制作的"米原器"；根据一立方分米体积纯水在密度最大时的质量制作的"千克原器"；根据地球围绕太阳转动周期来定义时间的单位秒；根据两通电导线之间产生的力来定义电流的单位安培。并建立了一种所有国家都能使用的计量单位制。但这种基准（即国际计量标准），随着时间的推移，由于腐蚀、磨损或自然现象的变化使量值难免发生微小变化，由于原理和技术的限制，准确度难以提高。随着工业生产的迅速发展，被测的量也更为广泛，计量的范围也逐渐扩大。清末全国度量衡制度更加杂乱。英制、俄制、法制、德制、日制纷纷传入，量值差异极大。清末重定划一度量衡制度，采用万国米制。

　　1915年北洋政府颁布实施《权度法》，度量衡采用甲、乙两制并行，其中：营造库平制称为"甲"制，米制称为"乙"制。1927年民国政府组成度量衡标准委员会，开始了度量衡改革。1928年南京政府公布《中华民国权度标准方案》，废除营造库平制，改用米制为标准制，以米制、市制并用。1929 年南京政府又进一步颁布了《度量衡法》，强制推行度量衡的划一标准，采用万国公制为标准制，并暂设市制为辅制；民国中央政府还设立全国度量衡局以掌管《度量法》中规定以万国权度公会所制铂公尺、公斤的原器为全国划一度量衡工作。1930 年 10 月，成立全国度量衡局，科学计量、各类工业计量也都开始登上历史舞台。1930 年 12 月 1 日，民国政府成立山东省度量衡检定所，在取缔旧制、推行新制、划一度量衡等方面做了一些工作。民国时期度量衡划一活动，有效地遏制了清末民初以来度量衡的混乱状况，为我国度量制度与国际接轨，为以后推行米制奠定了基础。值得提出的是，在当时政府发布的《刑法》中，还专门列有"伪造度量衡罪"。

中华人民共和国成立后，我国计量事业翻开了新的一页。20 世纪 50 年代中期，在聂荣臻元帅的主持下，计量科技曾被列入国家科技十年发展规划，这使我国计量科技得到了很快发展，初步形成了几何量等十大计量学科。随着计量体系从传统计量向现代计量发展，计量的社会功能也从单纯的科学计量向科学计量、工程计量和法制计量三者并存转变。功能的拓展使计量从单一的工具科学逐渐上升为国家的战略基础。1955 年，国家计量局成立，统一管理全国计量工作。计量管理机构和计量科学研究机构相继建立，与国际接轨的一批国家基准陆续形成，中国计量完成了它从传统计量中脱胎换骨的历史转变过程。

1959 年 6 月，国务院发布《关于统一计量制度的命令》，确定米制为基本计量制度和计量工作为生产服务的方针；在省、市、自治区和一部分地、市、县以及企业中建立计量机构，开展量值传递工作，组成全国计量网。

现代计量标志是 1960 年国际计量大会决议通过并建立的国际单位制。它将以经典理论为基础的宏观实物基准，转为以量子物理和基本物理常数为基础的微观自然基准，以期保持基本单位的长期稳定性。迄今为止，国际上正式确立的量子基准有：时间单位——秒，长度单位——米，电压单位——伏特和电阻单位——欧姆。2011年10月，第24届国际计量大会正式批准用普朗克常数重新定义质量单位千克（kg），用基本电荷e重新定义电流单位安培（A），用玻耳兹曼常数k重新定义温度单位开尔文（K），用阿伏加德罗常数 NA 重新定义物质的量的单位摩尔（mol）。

　　1972年，国家标准计量局成立。1977年5月，国务院颁发《中华人民共和国计量管理条例（试行）》，明确规定计量工作的具体路线、方针和政策。1978年4月，国务院批准成立国家计量总局，主管全国计量工作。十一届三中全会以后，中国计量进入了一个新的历史时期。1979年12月，国家发布《中华人民共和国计量单位名称与符号方案（试行）》，进一步确定米制是我国的基本计量制度，为逐步采用国际单位制奠定了基础。法定计量单位的颁布，标志着我国计量语言的真正统一，从此，中国计量进入了标准化和国际化的新阶段。

　　随着市场经济时代的到来，中国计量在探索中前进、在改革中发展，正在发挥着越来越重要的作用。1986年7月1日，《中华人民共和国计量法》正式实施，使中国现代计量走上了法制化的道路，是我国计量史上一个重要的里程碑，我国计量工作进入了新纪元。我国从只能检定一般的计量器具发展到检测精密仪器；从度量衡发展到长度、电学、热学、力学四大计量；又从这四大计量发展到长度、电磁学、热学、力学、无线电、时间频率、光学、声学、物理化学、放射性十大计量，现已扩展到医学计量、生物计量等领域，而且培养和造就了一大批具有专业技术水平的计量科技队伍。1988年，国务院决定在原国家计量局、国家标准局和国家经委质量局的基础上，组建国家技术监督局，标志着我国的计量工作开始进入适应社会发展的新阶段。1996年，国家《质量振兴纲要（1996—2010年）》颁布，将质量问题提高到反映国家综合实力的高度，强调培养从事质量工作人才的迫切性，以及提高全民族质量意识的重要性。而且，与质量振兴密切相关的国家标准化工作也相继得到重视。1998年，国家技术监督局更名为国家质量技术监督局，标志着计量、质量和标准化工作的进一步结合。2001年，国务院决定，将国家质量技术监督局和国家出入境检验检疫局合并，组建国家质量监督检验检疫总局，主管全国质量、计量、出入境商品检验、出入境卫生检疫、出入境动植物检疫和认证认可、标准化等工作，并行使行政执法职能，使我国计量行政部门的管理范围进一步明确，计量与标准、质量、检验检疫等部门的合作更加协调，也使我国计量事业更加快速发展。2018年，新组建的国家市场监督管理总局正式挂牌，其职责之一是统一管理计量标准、检验检测、认证认可工作。

我国国民经济和社会发展"十三五"规划纲要中进一步提出，要"强化基础领域标准、计量、认证认可、检验检测体系建设"；《国家中长期科学和技术发展规划纲要（2006—2020年）》也指出，要"研究制定高精确度和高稳定性的计量基标准和标准物质体系"。经国务院审批编制实施的《质量发展纲要（2011—2020年）》，由质检总局牵头，发展改革委、工信部、环保部等14个部委参与编制，明确了未来10年质量发展的目标和任务，首次提出实施质量强国战略。

2013年3月，国务院印发了《计量发展规划（2013—2020年）》（以下简称《规划》），明确了未来8年我国"度量衡"发展目标，这是国务院首次出台计量事业发展的中长期规划。《规划》明确提出了八个方面的量化指标：完成《中华人民共和国计量法》修订；国家计量基准、标准物质和量传溯源体系覆盖率达到95%以上；国家一级标准物质数量增长100%，国家二级标准物质品种增加100%；国家计量基准实现国际等效比例达到85%以上；得到国际承认的校准测量能力达到1 400项以上，其中90%以上达到国际先进水平；国家重点管理计量器具受检率达到95%以上；全国范围内引导并培育10万家诚信计量示范单位；实现万家重点耗能企业能源资源计量数据实时、在线采集等。可以预见，通过《规划》的实施，我国计量体系将提升到一个新的水平，计量的保障服务能力将大大提升。

2017 年 11 月 4 日，十二届全国人大常委会第三十次会议表决通过了新修订《中华人民共和国标准化法》。新《标准化法》于 2018 年 1 月 1 日开始施行，对于提升产品和服务质量，促进科学技术进步，提高经济社会发展水平意义重大。2018 年 10 月 26 日，第十三届全国人民代表大会常务委员会第六次会议审议通过了新修订的《中华人民共和国计量法》。

第一节　高梦旦："现代圣人"

高梦旦（公元 1869 年—公元 1936 年），原名高凤谦，自号崇有，福建长乐人，是我国近代著名作家、出版家。自幼天资聪颖，由母亲口授四书五经；稍长，由伯兄教他作文。晚年以"梦旦"为名，意为在漫漫长夜中渴望晨光的来临，寄托追求光明的理想；自号"崇有"，表示崇尚事实痛恨清谈的精神。

高梦旦年少时随着长兄读书，应过童子试，补博士弟子员，因清廷日弱，遂无意仕途，厌

图 1　高梦旦像

倦八股文章，故放弃举业，以笔耕自给。1896 年，随长兄凤岐帮助杭州知府林启办学，当地三所新式学校——求是书院、养正书塾和蚕学馆，其章则都由高氏兄弟参拟。后来，求是书院扩展为浙江大学堂，凤岐为总教习，梦旦为教习。1903 年，他进入商务印书馆，先后任编译所国文部部长、编译所所长、出版部部长。1915 年，代理总经理一职。在商务二十年，为公司求贤若渴，秉承"成功不必在我"的人生信条，推动四

角号码检字法发明却不署自己的名字，奖掖后进，引进新学，开启民智，是近代最具声望的出版家之一。

作为近代中国最富实绩和最具声望的出版家之一，高梦旦秉持"己欲立而立人，己欲达而达人"的处世之道，慧眼识才，求贤让贤，以谋国风度谋书事。他是以民间姿态肩负社会责任，以实干代替口号，"成功不必在我"，期望一切有力量而又肯努力的人都有成就，种种魅力交织一身，被胡适称赞为"现代圣人"。

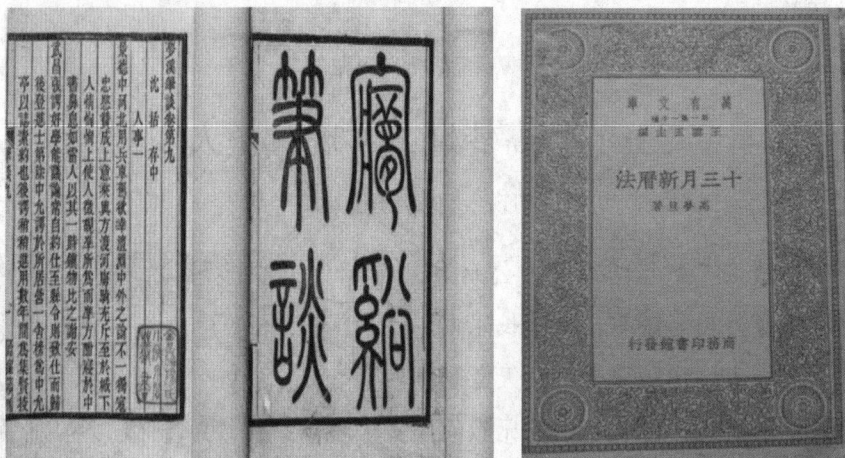

图 2　高梦旦书稿

1902 年，浙江大学堂选派学生十人赴日本留学，高梦旦任留学监督，率领前往。在日期间考察整治文化、教育设施，他深切地感到兴邦强国须重视文教，培养新人，要从基础教育开始，重塑国民品格和精神。当时，梁启超也在日本，高梦旦出示他根据沈括在《梦溪笔谈》中关于更改历法的倡议，改写成的《改历私议》旧稿，梁看后认为，《十三月新历法》是近代世界改历的一种新学说，将它刊登于《新民丛报》。这一年冬回国，应上海商务印书馆编译所所长张元济之聘，任该所国文部部长，后继任所长。

《十三月新历法》是 1931 年商务印书馆出版的图书，阐述历法沿革、改历问题、十三月历法、节气、岁首等，共 7 章。附录共七个部分：论纪年书后；规定新货币之重量直径推行度量衡议；修正度量衡法—斤两仍用十进制；利率命位之商榷；数位分节之商榷；西洋改历分类比较表；苏俄日历（1930）表。

高先生那质朴的外貌里藏着一颗最仁爱暖热的心。在他的大家庭里，在儿女的眼里他是友谊至笃的朋友。在侄儿的眼里，他是一个处处能体谅人、能了解人、能帮助人、能热烈的爱人的新时代的圣人。他爱朋友、爱社会、爱国家、爱世界。他爱真理，崇拜自由，信仰科学。因为他信仰科学，所以他痛恨玄谈、痛恨迷信、痛恨中医。梦旦先生就是这样一位爱憎分明的人。

第二节 吴承洛：中国现代计量创始人

吴承洛（公元 1892 年—公元 1955 年），字润东，福建浦城人，化学家、计量学家和学会工作活动家，长期担任南京政府度量衡局局长、经济部工业司司长等重要职务。吴承洛是中国近现代计量的奠基人，在中国最早提出了现代"计量"的概念，推进度量衡标准制单位名称的社会化，推进传统度量衡机制现代化进程，拟定"一二三"市用制，实现与国际标准制的接轨，使我国度量衡制顺利进入近代计量学行列。中华人民共和国成立后，吴承洛任政务院财经委员会技术管理局度量衡处处长和发明处处长，主持建立度量衡制度、标准制度、发明专利制度和工业试验制度等，为开创和发展新中国的计量、标准化事业作出了贡献。

图 1 吴承洛像

吴承洛的一生，是勤奋钻研科学的一生，是追求计量大同的一生。

他以"人生工作无限，正如生命长存"自励自勉，为发展祖国的科学事业和学会工作，贡献了毕生的精力。

提起吴承洛，不得不提的便是当时的留美幼童计划。从洋务运动到戊戌变法，近代中国志士在面对西方文化大潮冲击下作出众多的积极回应，留美幼童计划便是其中之一。1872年中国第一批官派留美幼童启程，开启了近代中国留学教育的先河。

1909年"庚款留学"计划的启动，留学大潮日渐澎湃，推进了中国近代教育的重大变革。许多庚款留学生思想理念发生了根本变革，学成回国后，他们在中国近代科技、政治、教育等领域发挥了重要作用，担负了传播西方科学技术和人文思想的重任，并成为中国近代化进程的开路先锋，而吴承洛就是"庚款留学"计划的受益者之一。

图 2　留美幼童

吴承洛对近代计量的重要贡献：第一，促进中国度量衡体制现代化。吴承洛拟定的"一二三"市用制，在遵循中国度量衡传统观念的前提下，实现了与国际公制的接轨，为民国度量衡制度的划一和民国度量衡改革的顺利推进奠定了重要基础。在他的积极努力下，权度制单位中文名称两套命名体系并用，既保障了科学研究交流的顺利开展，也推进了度量衡标准制单位名称的社会化进程。第二，始创中国度量衡通史研究。吴承洛对中国度量衡史的系统考察和深入分析，为其主持民国度量衡改革划一提供了理论渊源。《中国度量衡史》是吴承洛多年从事度量衡史研究的重要成果，也是中国第一部度量衡通史。该书在广泛收集大量史料典籍的基础上，系统整理了中国度量衡制度几千年来的发展演变过程，生动勾勒出中国度量衡历史发展的巨幅画卷。不仅为度量衡史研究工作提供了极为丰富详尽的文献资源，而且为学者的后续研究拓展了广阔的空间是研究我国度量衡必备的重要书籍之一。

图 3　吴承洛书稿《中国度量衡史》

吴承洛曾说："我的嗜好只有工作，我的生命就是我的意志，在任何社会环境中，我有我的坚忍不拔的意志，这个意志就是工作。于学习中求进步，于工作中求进展，人生以服务为目的，我立志为科学技术服务，立志为祖国、为人民服务。"[1]他也是以实际行动履行自己的话，为我国近代计量的奠基人。

吴承洛长期担任南京政府度量衡局局长、经济部工业司司长等重要

---

[1] 中国科学技术协会. 中国科学技术专家 传略 理学编 化学卷 1 ［M］. 北京：中国科学技术出版社，1993.

职务。吴承洛是中国划一现代度量衡的创始人，我国近代计量工作卓越的领导者。

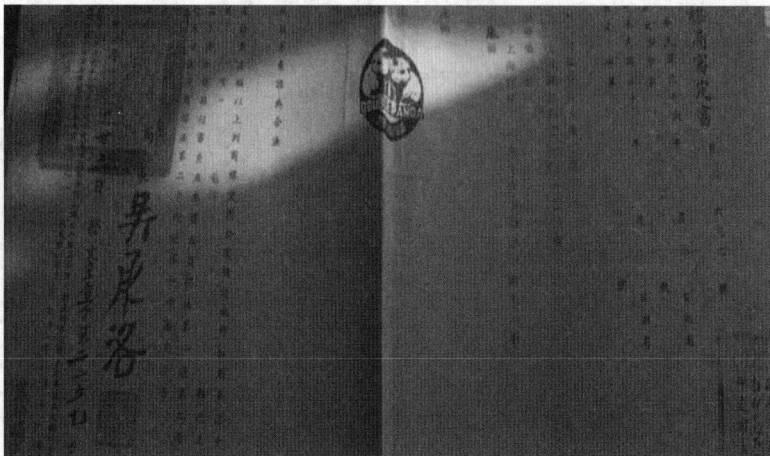

图 4　吴承洛任命书

第三节　聂荣臻：新中国科技主帅

　　聂荣臻（公元 1899 年—公元 1992 年），汉族，字福骈，曾用名聂云臻，四川省江津县吴滩镇石院子（今重庆市江津区）人。1923 年 3 月加入中国共产党，1924 年到苏联学习。中华人民共和国成立后，历任中央军委秘书长兼中国人民解放军代总参谋长，国防委员会副主席，中央军委副主席，国务院副总理兼国家科委主任、国防科委主任、全国人大常委会副委员长，元帅军衔，中国老龄问题全国委员会名誉主任，中国发明协会名誉会长。

　　聂荣臻广读博览，从达尔文的《进化论》、赫胥黎的《天演论》和进步杂志《新青年》中吸取政治营养，渐渐地，聂荣臻的思想发生了变化，由一个公认的诚挚少年逐渐转变为具有强烈爱国心的热血青年。聂荣臻积极加入进步学生的行列，常对同窗好友说："我辈要以报国为根本，为中华民族的崛起而建功立业。"①每遇国家民族大事，聂荣臻总是慷慨陈词，忧国忧民思想溢于言表，常书于文卷之上，教师曾誉其"资赋不凡，终非池中之物"②。

1922 年，聂荣臻转赴比利时就读于沙洛瓦劳动大学化学工程系，1922 年 8 月参加旅欧中国少年共产党（后称中国社会主义青年团旅欧支部），与刘伯坚一起负责过比利时支部工作，1923 年春转入中国共产党，曾任旅欧社会主义青年团执行委员会委员、训练部副主任。1924 年 10 月，聂荣臻奉命进莫斯科东方劳动者共产主义大学学习，后转入苏联红军学校中国班学习军事。1925 年，由于革命的需要，聂荣臻和班上中国的同学们一起回国。聂荣臻在国外共度过了五年多时间。五年里，聂荣臻的世界观发生了根本转变，由"实业救国论"者转变为以天下为己任的社会革命论者，并成为一个职业革命家。

抗日战争爆发后，聂荣臻先后任八路军第 115 师副师长、政治委员，在忻口会战中，与林彪共同指挥所部进行了平型关战斗，歼灭日军坂垣师团一部 1 000 余人，缴获步枪 1 000 余支，机枪 20 余挺，击毁汽车 100 多辆，马车 200 余辆，取得全国抗战以来第一个大胜利，打破了日军"不可战胜"的神话，为中国共产党和八路军赢得了国际舆论的称赞和好评。1940 年春，聂荣臻率晋察冀南下支队到晋东南参加反击国民党顽固派朱怀冰部的作战，并在同年 8 月的百团大战中，组织指挥部队在正太、津浦、平汉、北宁线等铁路线进行破击战，使日军的交通枢纽陷于瘫痪。1941 年秋，日军调动其华北占领军的一半兵力，对晋察冀机关所在地发动了空前规模的大"扫荡"。聂荣臻指挥主力相机转至外线打击敌人，进行钳制作战，并率领党政机关在有限兵力掩护下，灵活机动地周旋于深

①　中国国家博物馆. 文物中的红色基因. 家国情怀卷［M］. 北京：中国方正出版社，2022.

②　李遇春. 红色诗歌经典概论［M］. 武汉：武汉大学出版社，2022.

山峡谷之中，巧妙地从敌人薄弱点安全转移，粉碎了敌人的阴谋。1942年，在斗争极其残酷、根据地日益缩小的情况下，聂荣臻适时提出"向敌后之敌后挺进"，组建多支武装工作队，深入敌后袭击敌人，夺取日伪军力量薄弱的据点，扩大游击区。至1943年，晋察冀根据地军民逐步挫败了日伪军频繁的"扫荡""蚕食""清剿"，扭转了困难局面，保卫了晋察冀抗日根据地。

1948年，聂荣臻任华北军区司令员，组成第2兵团楔入热西、冀东地区，切断了东北与华北敌人的联系。随后在平汉路北段发动进攻，吸引敌华北主力。然后又西进绥远，进攻平绥路两侧，解放了绥远、冀北广大地区，有力地配合了解放全东北的辽沈战役。

20世纪50年代中期，聂荣臻被中共中央确定为具体领导和组织新中国科技工作的负责人，1956年又被任命为国务院副总理，主管科学技术工作。以战略家的智慧，首先抓制定科技方针与科技规划工作，亲自参与领导国内外700多位专家制定了长达600多万字的十二年规划纲要(草案)，对工业、农业、国防和其他科学技术领域，进行了全面的规划和安排。与此同时，聂荣臻向中央军委提出方案，建议研制少量的导弹、核武器，掌握必要的自卫手段，以打破帝国主义国家对我国的核讹诈；使常规武器配套，不断加强陆、海、空军的现代化装备。该方案在中央军委立即获通过。不久，聂荣臻受命领导研制"两弹"任务。第二年，他又受命领导研制人造卫星工作。他积极组建导弹研究院和核武器、飞机、舰船、电子设备、人造卫星以及其他兵器的研究机构、试验基地和国防科技高等院校。同时，他还采取"将全国的科技力量相对集中，形成拳头，进行突破"的战略措施，使科技战线获得一次次突破性成就。

计量科学是整个科学技术体系的前沿，是国民经济和社会发展的重要技术基础，也是现代工业发展的三大支柱之一。计量检测水平高低是衡量国家和企业市场竞争能力的重要因素。一个国家的计量检测水平决定了其科学技术水平和产品开发能力；同时，一个企业的计量检测水平决定了其产品技术水平和质量控制能力。1983 年，聂荣臻指出"科学要发展，计量需先行""没有计量，寸步难行"。

1992 年 5 月 14 日，聂荣臻因心力衰竭，抢救无效，在北京逝世，享年 93 岁。

第四节　黄子卿：温度计量国际标准设定者

黄子卿（公元 1900 年—公元 1982 年），字碧帆，广东梅县人，物理化学家、化学教育家，中国科学院学部委员，北京大学化学系教授。

黄子卿于 1921 年从清华学校毕业，1924 年获得美国威斯康星大学化学系理学士学位，1925 年获得康奈尔大学化学系硕士学位，1935 年获得麻省理工学院博士学位，1953 年加入九三学社，1955 年被选聘为中国科学院学部委员（院士）。黄子卿从事过电化学、生物化学、热力学

图 1　黄子卿像

和溶液理论等多方面的研究，精确测定了热力学温标的基准点——水的三相点，并在溶液理论方面颇有建树。

1925 年，黄子卿进入麻省理工学院，从事电化学研究。通过实验，考察了界面移动法测定电解质溶液中离子迁移数时震动、热效应、界面可见性条件以及界面调节因素诸方面对实验测定的影响，改进了此方法的实验装置，提高了实验测定的准确度，并拓宽了此方法的应用范围。他的第一篇学术论文 1927 年夏在美国化学会志上发表。1934 年，黄子

卿再度赴美，来到麻省理工学院从事研究工作。黄子卿常常带着午餐，从早上一进入实验室后，就整天不出来。他精心设计了实验装置，并经过一年多的反复测量，终于完成了一项重要的实验，即精测出水的三相点温度，为（0.009 81±0.000 05）℃。这是热力学上的重要数据，也是温度计量学方面的基础工作。后来，美国标准局曾组织人员重复实验，结果与黄子卿的测量结果一致。1935 年，黄子卿获得了麻省理工学院授予的博士学位。1938 年，《美国艺术与科学院汇刊》发表了黄子卿、贝蒂、本笛克特三人合写的论文，题为《绝对温标的实验研究（V）：水的冰点和三相点的重现性；水三相点的测定》。1948 年，美国编辑的《世界名人录》列入了黄子卿的名字。1954 年，国际温标会议在巴黎召开，再次确认上述数据，并以此为准，定绝对零度为−273.15 ℃。

黄子卿教授测定水三相点的温度值，对建立热力学温度单位所做的功绩是中国科学家对世界计量科技发展的一项重要贡献，将永远为计量工作者所铭记。

黄子卿不仅是中国物理化学界的一代宗师，而且他对古典文学也有深厚的修养，写出不少意趣深远的旧体诗。黄子卿自幼饱读诗书，古文根底好，在他的书房之中，除藏有大量自然科学书籍与期刊之外，还有繁多的历史、文学书籍。像《资治通鉴》《纲鉴易知录》《全唐诗》《宋诗精华录》等书，常见于案头枕畔。闲暇时，黄子卿便常常脱口吟咏出一些五言或七言旧体诗，偶尔也写词。

黄子卿一生勤奋好学，勇于探索，50 多年科学生涯中，涉足物理化学的多个领域，讲授过多门物理化学的课程，被誉为中国物理化学的一代宗师。黄子卿毕生从事物理化学的教学和研究，在溶液理论和热力学方面的研究尤为突出。黄子卿讲课一丝不苟，立论严谨，循循善诱，使学生终生不能忘怀。他毕生从事化学教育事业，不遗余力地培育人才，是中国物理化学的奠基人之一。

第五节　蔡金涛：中国电磁计量的开拓者

蔡金涛（公元 1908 年—公元 1996 年），无线电技术专家，中国科学院院士，中国导弹与航天技术的主要开拓者之一。早年从事电信、电磁计量等科技工作，参加并生产出我国第一批真空管，为我国获得了第一批"国际伏特""国际欧姆"的候选单位标准。1950 年起从事导弹与航天技术工作，曾主持仿制成功液体近程弹道导弹的控制系统，并主持研制成功我国第一枚自行设计

图 1　蔡金涛像

的中远程导弹的控制系统；主持了新的控制系统的预先研究，并被后续的航天型号采用；领导成功研制几种防空导弹武器系统。为我国导弹与航天事业的发展作出重要贡献。

蔡金涛是中国电子学会的创始人之一，从 1962 年起，连续当选为中国电子学会第一、二届理事会副理事长，并兼任编辑委员会主任委员和《电子学报》主编（1962—1984 年）。他曾当选为中国计量测试学会副理事长兼电磁专业委员会副主任委员，中国航空学会理事兼仪器仪表组组长，中国宇航学会理事，中国物理学会理事兼电子专业委员会委员等。后为中国电子学会、中国计量测试学会、中国航空学会的名誉理事。

1934 年，蔡金涛在美国商务部国立标准局学习精密电磁仪器的制造与标定技术，是该局接受的第一位中国访问学者。由于他工作出色，受到国际著名科学家、美国无线电频率管制委员会主任委员、国际无线电科学协会创始人 J.H.Dellinger（德林格）的重视，帮助他顺利地从美国标

准局购买了校准电磁仪器、仪表，完成了中央研究院上海物理研究所委托给他的任务。美国标准局还赠送给他该局制造的装有 6 个标准电池的特制恒温盒和 2 个 1 欧姆标准电阻器。他深知伏特标准和欧姆标准对无线电技术工作的深远意义，觉得只在美国标准局校准还不够。于是，他用自己的积蓄作旅费，随身携带恒温盒和标准电阻器前往欧洲，经巴黎国际度量衡局、法国中央试验室、英国国立物理试验室和德国国立物理技术局进行测试比对后，准备带回国内。开始将恒温盒和标准电阻器寄存在著名科学家李四光在香港的友人家中。中华人民共和国建立后，才由中国科学院著名光学专家王大珩取回，交国家计量局，成为中国第一批"国际伏特"和"国际欧姆"的候选单位标准，一直珍藏在中国计量科学院。蔡金涛的名字也作为中国电磁计量的创始人之一，载入了电磁计量技术的发展史。

图 2　蔡金涛早年赴美留学照

第六节　钱学森：导弹之父

钱学森（公元 1911 年—公元 2009 年），出生于上海，籍贯浙江杭州，中国共产党的优秀党员，忠诚的共产主义战士，享誉海内外的国家杰出贡献科学家和中国航天事业的奠基人，中国科学院、中国工程院资深院士，中国人民政治协商会议第六、七、八届全国委员会副主席，"两弹一星"功勋奖章获得者。

图 1　钱学森像

钱学森 1929—1934 年就读于国立交通大学机械工程系，1939 年获得美国加州理工学院航空和数学博士学位。1947 年任麻省理工学院教授，1956 年任中国科学院力学研究所所长，1957 年补选为中国科学院学部委员（院士）；1965 年任中华人民共和国第七机械工业部副部长，1970 年任中国人民解放军国防科学技术委员会副主任，1986 年 6 月任中国科学技术协会主席，1994 年当选为中国工程院院士。钱学森主要从事应用力学、工程控制论、航空工程、火箭导弹技术、系统工程和系统科学、思维科学和人体科学以及马克思主义哲学等领域的研究。

1956 年 2 月，在周恩来总理鼓励和支持下，钱学森起草了《建立中国国防航空工业的意见书》，为中国火箭和导弹技术的创建与发展提供了极为重要的实施方案。同年 3 月，党中央、国务院决定制定新中国第一个科学技术发展远景规划纲要（1956—1967 年），钱学森同志担任综合组组长，主持起草建立喷气和火箭技术项目的报告书，为推动新中国的科学技术、工业、农业、国防发展起到了重要作用。同时，钱学森参与筹备组建中国导弹航空科学研究领导机构航空工业委员会，受命负责组建中国第一个火箭、导弹研究机构——国防部第五研究院。同年 10 月，任国防部五局第一副局长、总工程师兼国防部第五研究院院长，后又兼任国防部第五研究院一分院院长，担负起新中国导弹航天事业技术领导工作的重任。研究院成立之初，在组建液体导弹研制队伍的同时，钱学森同志预见性地组织科技人员探索固体复合推进剂，为后来研制固体火箭发动机和固体地地战略导弹打下了良好基础。同时，他还设立空气动力研究室，组建了中国第一个空气动力学专业研究机构。

图 2　钱学森在风洞中心视察

大家都知道钱学森先生是我国航天事业的奠基人之一，并被誉为"中国航天之父"和"火箭之王"，但钱老对计量的关心与支持可能就不是很清楚了。钱老曾出席了 1972 年和 1978 年的全国计量工作会议，指出："科学技术工作对计量的要求很高。所谓科学技术，无非是自然的、客观的规律，是要用量来表次的。如果你测得的量不是标准的量，那么你的规律恐怕只是你单独的 '科学'的规律。"①美国加州理工学院从 20 世纪 30 代后期开始研究高能物理，但是到第二次世界大战结束后，发现因为高电压的计量不准，在 20 世纪 30 年代后期至 40 年代初期这十几年所做

① 网易. 缅怀钱老：钱学森逝世 9 周年［EB1OL］.（2018-11-1）［2023-7-1］（https://www. 163. com/dy/article/DVH7N5VL05373DJE. html）

的高能物理测量工作统统报废。近年来经常听到"量传溯源体系扁平化"，而钱老在 1978 年就提出："在考虑组建全国计量网的时候，就应考虑根据科学技术的发展，这些计量信息的传递还会有一些什么样的变化，譬如，能不能利用无线电信号传递计量信息。现在频率标准是非常准的，可以用无线电来传递，如果频率的标准很准，如果我们规定光速是个常数，那么这两个就可以产生波长，即长度的标准，结合标准物质，加上无线电的传递信息，我们就能够解决所有的计量器具的保持精度的问题，也就是用标准物质加无线电信号，就能够解决计量信息的问题。"[①]

第七节　吴健雄：东方居里夫人

吴健雄（公元 1912 年—公元 1997 年），女，出生于江苏省苏州市太仓浏河镇（一说出生于中国上海市），原籍江苏太仓，美籍华人，物理学家，中国科学院外籍院士，美国国家科学院院士，美国艺术与科学院院士，台湾"中央研究院"院士。

吴健雄是享誉世界的核物理学家，有"东方居里夫人"之称，在 β 衰变研究领域具有世界性的贡献。她 1944 年参加"曼哈顿计划"，1958

图 1　吴健雄像

年当选为美国科学院院士，1975 年任美国物理学会第一任女性会长。吴健雄在实验核物理方面的研究工作涉及面广，她尤其注意实验技术的不断改进，曾对多种核辐射测量仪器的开发、改进作出贡献，例如薄窗盖革计数器、某些塑料闪烁探测器。

---

① 钱学森. 钱学森讲坛录、哲学、科学、艺术增订本［M］. 北京：九州出版社，2013.

吴建雄最为大家所熟知的是她验证了李政道、杨振宁提出的宇称不守恒理论。1956 年李政道、杨振宁提出在 β 衰变过程中宇称可能不守恒之后，吴健雄设计了实验来证明这一理论。实验要求原子的振动、转动必须降到最低而且排齐，她需要一个"冰屋"来使核不动，这"冰屋"的温度必须低到绝对温度 0.01 K. 还要施加 10 T 强磁场。当时任何大学实验室都不能满足如此苛刻的实验要求，她联系了拥有全美最高水平实验室的美国国家标准局（NBS，美国标准技术院的前身），希望利用该局的国家计量专用绝热去磁装置来做她的"冰屋"，结果得到热烈欢迎，并邀请她到 NBS 来做实验，在 NBS 专家的大力协助下，吴健雄实现了把钴 − 60 原子核自旋方向几乎都控制在同一方向，而观察钴 − 60 原子核衰变放出的电子的出射方向。他们发现绝大多数电子的出射方向都和钴 − 60 原子核的自旋方向相反。就是说，钴 − 60 原子核的自旋方向和它的 β 衰变的电子出射方向形成左手螺旋，而不形成右手螺旋。但如果宇称守恒，左右手螺旋两种机会相等。因此，这个实验结果证实了弱相互作用中的宇称不守恒。在整个物理学界产生了极为深远的影响。

吴健雄所涉足的实验工作：放射性同位素的分析、慢中子速度谱仪研究（多种材料）、中子在正氢和仲氢中的散射以及核力范围的探讨研究等等。1957 年 1 月 2—8 日，吴健雄小组完成所有的实验检查，最终确定弱作用下宇称破缺。在得知吴健雄小组的初步实验结果后，哥伦比亚大学的加温、莱德曼和温里克在短时间内完成了验证宇称不守恒的另一项实验。

1990 年 5 月 7 日，中国科学院紫金山天文台宣布，将在太阳系发现的编号为第 2752 号的小行星命名为"吴健雄星"，以表彰她在高科技领域对人类所作出的贡献。

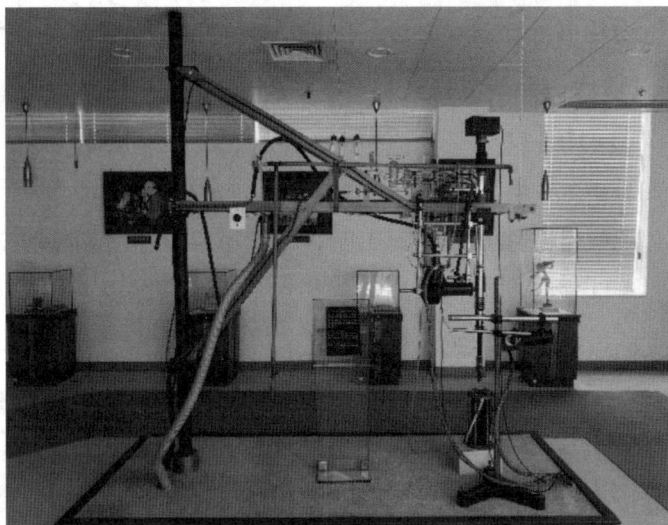

图 2　吴健雄小组在做弱相互作用中宇称不守恒实验时所用仪器的等比模型

第八节　李乐山：桑榆晚、霞满天

李乐山（公元 1913 年—公元 1997 年），浙江省富阳县人，1936 年 9 月参加革命，1938 年 1 月加入中国共产党。1938 年 7 月，被派到皖南新四军战地服务团做民运工作；同年 11 月中旬被派往浙江做党的地下工作。革命战争年代，曾从事民运工作和党的地下工作，担任中共浙江义乌县委书记，江山中心县委书记，金（华）属特委兼宣传部长，台（州）属特委常委兼宣传部长，浙东慈镇县委书记，华野一纵队后方留守处政治

图 1　李乐山像

处主任、华野一纵队政治部民运部副部长，二十军政治部秘书处处长，九兵团司令部兵团党委秘书等职务。中华人民共和国成立后，先后担任

中共南京市委秘书处处长、办公厅主任，南京机床厂厂长兼党委书记；1956 年 6 月被选为中共南京市委委员，7 月被选为中共江苏省委委员；1957 年 12 月调任国家科委综合计划局副局长，十一局局长。此后曾担任义乌县委组织部长、县委书记，金华金属特委兼宣传部长，台州特委常委兼宣传部长，浙东慈镇县委书记，华野一纵队后方留守处政治处主任，华野一纵队政治部民运部副部长，二十军政治部秘书处处长，九兵团司令部兵团党委秘书等职务。

1965 年 5 月，李乐山同志任国家科委计量局局长，中国计量科学研究院院长、党委书记；1976 年 7 月，国务院成立国家标准计量局，他担任国家标准计量局领导小组成员、副局长；1978 年，为适应国家经济建设需要，国务院决定将标准和计量分开，分别于当年 8 月、10 月成立国家标准总局和国家计量总局，李乐山同志任国家计量总局副局长、党组副书记；1979 年 9 月任国家计量总局局长、党组书记；1982 年 9 月，因年事已高退居二线，任国家计量局顾问、党组成员。

李乐山十分重视计量事业的现代化建设，尤其是计量人才的培养。1978 年，在他的直接领导和大力推动下，国家计量总局报经国务院批准在杭州筹建一所中等计量专业学校，后改建为杭州计量测试专科学校、计量专科学校、中国计量学院，现

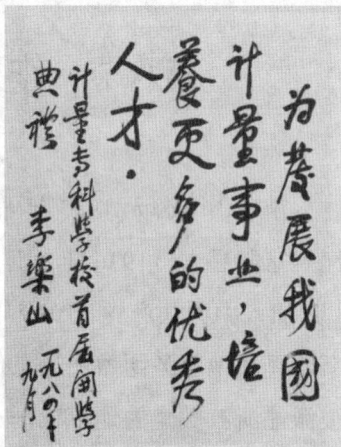

图 2　1986 年李乐山题字

更名为中国计量大学。作为学校的奠基者，李乐山同志为中国计量大学的建设与发展，作出突出的贡献。岁月如歌，校史为凭；读史明志，砥砺前行。作为计量事业的推动者和实践者，李乐山同志审时度势、科学决策，在计量成长过程中，以坚定的信心、清醒的头脑、明确的目标，排除千难万阻，终见计量快速发展。岁月未曾忘记，历史没有忘记，计

量人更不会忘记李乐山同志的重大贡献和殷切期望，也定将努力开创新时代中国计量事业高质量发展的崭新篇章。

第九节　王大珩：中国光学之父

图 1　王大珩像

王大珩（公元 1915 年—公元 2011 年）汉族，中共党员，江苏吴县人，生于日本东京。两弹一星功勋奖章获得者，中国科学院长春光学精密机械研究所研究员、所长，中国科学技术协会副主席、中国科学院院士、中国工程院院士，国际宇航科学院院士，著名光学家，中国近代光学工程的重要学术奠基人、开拓者和组织领导者，杰出的战略科学家、教育家，大连理工大学创始人之一，被誉为"中国光学之父"。

"中国光学之父"王大珩是我国计量科学研究的开拓者之一。王大珩主持研制了中国第一台激光器、第一台大型光测装备和许多光学仪器，领导了综合性的航空遥感试验，为中国应用光学、光学工程、光学精密机械、空间光学、激光科学和计量科学的创建和发展作出杰出贡献。20世纪 50 年代，国家计量局初建，王大珩被聘为技术顾问时他在中科院仪器馆，指导开设了光度、温度、长度、电学等计量基准研究课题。1960年，国家提出了研制大型精密光学跟踪电影经纬仪的任务。在这项工程中，王大珩任总设计师。他对作用距离进行了周密的技术分析，综合考虑了跟踪过程的平稳性、人眼能分辨的物像大小及其阈值对比度以及目标与天空背景的对比度、大气衰减与抖动、光学系统与摄影底片分辨率等各种因素。1980 年 5 月，中国向南太平洋发射远程运载火箭的实验中，长春光机所研制的电影经纬仪和船体变形测量系统两项光学工程，出色地完成了火箭再入段的跟踪测量任务，独立解决了当今世界远洋航天测量的平移跟踪、定位、校正和抗干扰等技术难题。王大珩在测量船的光学测量布局和船体摇摆及挠曲与实时修正方面均有重要创造。1985 年，"现代国防试验中的动态光学观测及测量技术"项目获国家科学技术进步特等奖，王大珩是首席获奖者。

图 2 王大珩成就展

王大珩先生是新中国计量科学事业的奠基人之一；同时他也非常重视教育工作，是中国计量学院的起名人。生前为中国计量大学荣誉教授，对中国计量大学的创建和发展作出了重大贡献。1952 年中国科学院仪器馆（长春光机所）在长春成立，他被任命为馆长、所长。该所在他的领导下，30 多年来发展成为中国应用光学研究及光学仪器制造的重要科研基地。长春光所研制的高精光学仪器的"八大件"为：一秒精度大地测量经纬仪、一微米精度万能工具显微镜、大型石英摄谱仪、中型电子显微镜、中子晶体谱仪、地形测量用多臂航摄投影仪、红外夜视仪以及系列有色光学玻璃。从 20 世纪 60 年代开始，王大珩和他领导的长春光机所转向以国防光学技术及工程研究为主攻方向，先后在红外微光夜视、核爆与靶场光测设备、高空与空间侦察摄影、空间光学测试等诸多领域作出重要贡献。20 世纪 60 年代初，研制出超过原设计指标的中国第一台大型光测设备，开创了中国独立自主地从事光学工程研制和小批量生产的历史，在这项工程中，王大珩任总工程师。

王大珩曾说："没有计量就没有科学。"他将一生都献给了中国的计量事业。他曾是中国计量学院名誉校长、中国计量测试学会理事长，王大珩先生为中国的计量科技事业作出重大贡献，自 20 世纪 50 年代国家计量局成立起，他就受聘担任顾问，并始终关心着我国的计量科技事业，我国于 1977 年加入国际米制公约，1979—1992 年王大珩先生代表我国连续当选为国际计量委员会委员，同时也是我国第一位国际计量委员会委员。

第十节　李天初：追赶时间的计量学者

李天初（公元 1945 年—公元 2022 年），出生于贵州省贵阳市，汉族，中共党员，安徽省金寨人。1945 年 11 月李天初出生于贵州省贵阳市，1970 年清华大学毕业，1981 年和 1991 年在中国计量科学研究院和清华大学分别获得硕士和博士学位。1982 年至今历任中国计量科学研究院助研、副研、研究员。

1994 年被聘为中国计量院研究员，1996 年至 2005 年担任中国计量院量子部主任，2002

图 1　李天初像

年被聘为北京理工大学兼职教授、博士生导师，2006 年获"全国质量监督检验检疫系统先进工作者"称号，2009 年获"中央国家机关五一劳动奖章先进个人"称号，2011 年当选中国工程院院士。李天初从事时间频率、原子干涉绝对重力、激光光谱和光纤-光电子计量等研究工作。同时还是中国仪器代表学会名誉理事长、中国科学技术大学精密机械与精密仪器系主任。

李天初院士是我国时间频率计量领域的带头人之一。在从事计量科研工作的 30 年里，李院士总是密切关注国际计量科学发展动向，从国家需求出发，以开阔的学术视野和敏锐的专业眼光，在关键时刻发挥技术引领的作用。李院士凭着他在技术方面的前瞻性，敏锐地认识到"飞秒光梳"具有巨大的科学意义和应用价值。2002 年，他推动立题并指导完成了"锁模飞秒脉冲激光—光学梳状频率"的研究。这项成果建立了光学频率与微波频率之间的相干联系，直接溯源标定中国长度基准装置—稳频激光，结束了中国长度基准靠国际比对溯源的历史。这一项重要的科研课题和成果，证明了李院士是一位善于把握科研方向的科研领军人物。2005 年起，他规划指导在研的锶原子光晶格钟，应对未来国际讨论修改秒定义的候选。他指导探索超稳微波源，寻找建立超稳微波发生器的新途径。2013 年起，他指导在研的铷原子干涉绝对重力仪，为建设中国绝对重力基准准备了技术条件。

图 2　工作中的李天初

　　李天初是中国计量科学研究院首席科学家。几十年来，李院士在从事科研工作的同时毫无保留地积极推荐、主动引进具备学术潜力的优秀科研骨干人才，积极创造条件给具有发展潜力的年轻科研人员施展才能的空间。面对着一项项科技成果和一个个荣誉，李院士总是说："我是伴随着中国计量院的发展一步步成长的，是计量院给了我空间和机会，让我和我的同事们一起为国家科技发展贡献力量。"①

　　① 中国质量报. 天道万裁城道途 追根溯源必有初. 专家学者深情怀念李天初院士［EB/OL］.（2023-1-12）［2023-7-1］. https://mp. weixin. qq. com/s?src=11&timestamp=1698403151&ver=4860&signature=xLyNiU9Y3jsaa7sWqmfumc8ajoczWrEJr2lT5lAqezhHg3qLLErG7fD1piCCoUKNVwG-hNezwRFWcRWKXuVNR0napV5vvLINdSXwPJ3N1zQX1X7GD6Xmxq8NGs6Ahsqb&new=1.

附 录

一、计量与社会主义核心价值观

计量，在我国古代称为度量衡，计量的产生和广泛应用，是人类社会发展的一个重要标志。中国古代先民在氏族社会的生产活动中确立了计量基准，又在封建社会进程中进一步推动了度量衡器具的标准化，形成了独特的度量衡制度与文化。传统计量文化蕴含的公平公正、诚实守信、精准高效等价值观念，在社会主义核心价值观里被赋予了新的时代内涵和表达形式。

党的十八大报告提出，要"倡导富强、民主、文明、和谐，倡导自由、平等、公正、法治，倡导爱国、敬业、诚信、友善，积极培育和践行社会主义核心价值观"。在这三维一体的核心价值观中，个人的核心价值观是社会道德生活的基础，也是国民素质的综合体现。国民素质与经济发展水平密切相关。一般来讲，生产力水平低，经济欠发达的国家，科技文化水平相对落后，国民教育程度较差，人的素质相对比较低。而随着生产力水平的提高，人的素质也会相应提高，并且可有力促进生产力的发展。因此，国民素质与生产力的提高相辅相成，互相促进。

计量文化是促进国民素质提高重要催化剂。首先，计量不仅是国民经济的基础，也是推动科技、经济和社会发展的驱动力，而这一驱动力将同时作用于国民素质的提高。其次，计量文化体现出公正、公平、诚实、守信的精神，讲求无规矩不成方圆，崇尚法制和良好的道德准则。

社会主义核心价值观中的诚信基础是计量诚信，比如在商品贸易中，如果缺斤少两，就会直接损害消费者的利益，而计量通过法制来保障消费者的权益，维护市场公平和秩序，对国民素质的提高具有促进的作用。

国民素质不高，就容易引发和激化矛盾，使社会不安定，影响发展。计量是维护公平的尺度和准绳，它能平衡和化解人与人之间由于利益及分配上的不公平产生的矛盾，进而为社会发展创造良好的环境。在国民素质不断提高的过程中，将形成中华民族的伟大复兴的强大凝聚力，使国家的经济和社会走向可持续发展，迈向通往高度文明、高度发达社会的坦途。

如今，在全面建设社会主义现代化强国的新征程上，我们要不断提高国家文化软实力，进一步传承和发扬好以计量文化为代表的中华民族优秀传统文化，在充分汲取其思想精华的基础上，为传统计量文化注入新的时代活力，使照耀中华数千年的文明之光在中华大地熠熠生辉、发扬光大。

图 1　计量与社会主义核心价值观

二、计量、计量学与测量

（一）计量

1. 计量的定义

"计量"这个名词术语，在中华人民共和国成立以前称为"度量衡"，即长度、容量和重量。1953 年，确认采用"计量"一词，取代使用了几千的度量衡，并赋予了更广泛的内容。按照计量技术规范 JJF100—2011《通用计量术语及定义》，"计量"是指实现单位统一、量值准确可靠的活动。计量属于测量，源于测量，而又严于一般测量，它涉及整个测量领域，并按法律规定，对测量起着指导、监督、保证的作用。

计量的概念是随着社会生产的发展逐步形成的。当生产的发展和商品的交换变成社会性活动时，客观上就需要测量单位的统一，并要求在一定准确度内对同一物体在不同地点，用不同的测量手段，达到其测量结果一致。为此，就要求以法定的形式建立统一的单位制，建立计量基准、标准，并以这种计量基准、标准检定其他计量器具，保证量值准确可靠，从而形成了区别于测量的新概念——计量，也可以说，统一、准确的测量就是计量。

计量涉及工农业生产、国防建设、科学试验、国内外贸易及人民生活、健康、安全等各方面，是国民经济的一项重要技术基础。随着社会经济迅速发展，计量在以往度量衡的基础上，逐步发展为长度、温度、力学、电磁学、光学、声学、化学、无线电、时间频率、电离辐射等十大专业，并形成了有关测量知识领域的一门独立的学科——计量学。可以说凡是为实现单位统一，保障量值准确可靠的一切活动，均属于计量的范围。

2. 计量的分类

（1）按工作性质

可分为三类：科学计量、工程计量和法治计量。科学计量：探索、先行的研究。工程计量：工程、工业企业中的应用。法制计量：政府强制管理。

（2）按专业和被测量对象

可分为长度、温度、力学、电磁学、光学、声学、化学、无线电、时间频率、电离辐射十大类。

（3）按任务分类

可分为通用、实用、理论、技术、法制、经济、品质等七类。

3. 计量的特性

计量与社会经济的各个部门，人民生活的各个方面有着密切的关系，同时又是一项非常复杂的社会活动，是技术与管理的结合体。计量的的监督行为通过实施法制管理来体现。计量有以下 5 个特性。

图 2　无处不计量

（1）准确性

准确性是计量的基本特点，是计量科学的命脉，计量技术工作的核心。它表征计量结果与被测量真值的接近程度。只有量值，而无准确程度的结果，严格来说不是计量结果。准确的量值才具有社会实用价值。所谓量值统一，是技术行为通过准确的测量，说到底是指在一定准确程度上的统一。

（2）统一性

计量单位统一和量值统一是计量统一性的两个方面。单位统一是量值统一的重要前提。量值的一致是指在给定误差范围内的一致。计量的一致性，不限于国内，也适用于国际。

（3）社会性

是指计量工作涉及的面相当广泛，它涉及国民经济各部、科学技术各领域、人民生活的各方面，可以讲社会上的一切活动每时每刻都离不开计量。

（4）法制性

计量的社会性本身就要求有一定的法制来保障。不论是单制的统一，还是基准、标准的建立，量值传递网的形成，检定的实施等各个环节，不仅要有技术手段，还要有严格的法制监督管。

（5）溯源性

在实际工作中，由于目的和条件不同，对计量结果的要求也不相同。但为了使计量结果准确一致，所有量值都必须由相同的基准（或标准）来传递。即任何一个计量结果，都能通过连续的比较链与原始的标准器具联系起来，这就是溯源性。就一国而论，所有量值都应溯源于国家基准；就全世界而言，则应溯源于国际基准或相应的约定标准。

（二）计量学

随着计量内容的扩展，形成了一门研究测量理论和实践的综合性学科——计量学。计量学涵盖有关测量的理论与实践的各个方面。

计量学通常采用当代的最新科技成果，计量水平往往反映了科技水平的高低。计量又是科学技术的基础，没有计量就没有科技的发展，计量学的发展将大大推动科学技术的发展。

图3　七大基本计量单位

（三）测量

按计量技术规范 JJF 1001—2011《通用计量术语及定义》中定义，测量就是"以确定量值为目的的一组操作"。在计量学中，测量既是核心的概念，又是研究的对象。所以，人们把测量有时也称为计量，例如把测量单位称为计量单位，把测量标准称为计量标准等。

测量是人类认识和揭示自然界物质运动的规律、借以定性区别和定量描述周围物质世界，从而达到改造自然和改造世界的一种重要手段。

1. 测量仪器

测量仪器又称计量器具，是用来测量并能得到被测对象量值的技术工具或装置。在我国有关计量法律、法规中，测量仪器称为计量器具，即计量器具是测量仪器的同义语。测量仪器是用于测量目的的所有器具或装置的统称，我国习惯统称为计量器具。测量是通过计量器具来实现的，所以，计量器具是人们从事测量获得测量结果的重要手段和工具，它是测量的基础，是从事测量的重要条件。可见，哪里需要统一准确的测量，哪里就需要测量仪器。正如我国著名科学家、原国际计量委员会委员王大珩院士指出的："仪器不是机器，仪器是认识和改造物质世界的工具，而机器只能改造却不能认识物质世界；仪器仪表是工业生产的'倍增器'，科学研究的'先行者，军事上的战斗力'和社会生活中的'物化法官'。"

2. 测量准确度、测量正确度和测量精密度

（1）测量准确度

测量准确度定义为："被测量的测得值与其真值间的一致程度。"测量准确度只是一个概念性术语，它不是一个定量表示的量，不给出有数字的量值。当测量提供较小的测量误差时就说该测量是比较准确的，或测量准确度较高。术语"测量准确度"不应与"测量正确度""测量精密

度"相混淆，尽管它与这两个视念有关。测量准确度有时被理解为赋予被测量的测得值之间的一致程度，这是会与测量精密度发生混淆的。测量正确度定义为："无穷多次重复测量所得值的平均值与一个参考量值间的一致程度。"

（2）测量正确度

测量正确度是一个概念性术语，它不是一个定量表示的量，不能用数值表示。测量正确度与系统测量误差有关，与随机测量误差无关，当系统测量误差小时，可以说测量正确度高。术语"测量正确度"不能用"测量准确度"表示，反之亦然。

（3）测量精密度

测量精密度定义为："在规定条件下，对同一或类似被测对象重复测量所得示值或测得值间的一致程度。"

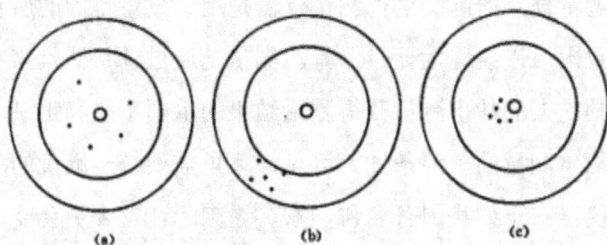

(a)　　　　　(b)　　　　　(c)

图 4　关于测量的精密度、正确度和精确度的示意图

三、中国历代度量衡量值表

表 1　中国历代度量衡量值表

时代	年代（公元）	单位量值		
		一尺合厘米数	一升合毫升数	一斤合克数
商	前 1600—前 1046	16		
战国	前 475—前 221			
（齐）			205	370/镒

时代	年代（公元）	单位量值		
		一尺合厘米数	一升合毫升数	一斤合克数
（邹）			200	
（楚）			226	250
（魏）			225	306/镒
（赵）			175	251
（韩）			168	
（东周）		23.1	200	1 213/爰
（燕）			1766/毂	251
（中山）			180	9 778/石
（秦）		23.1	200	253
秦	前 221—前 206	23.1	200	253
西汉	前 206—8	23.1	200	250
新	9—23	23.1	200	245
东汉	25—220	23.1	200	220
三国	220—280	24.2	200	220
晋	265—420	24.2	200	220
南北朝	420—589			
（南朝）		24.7	200	220
（北朝）		25.6～30	300（前期）	330（前期）
			600（后期）	660（后期）
隋	581—618	29.5	600	660
唐	618—907	30.3	600	667
宋	960—1279	31.4	702	640
元	1206—1368	35	1 003	640
明	1368—1644	32	1 035	596.8
清	1616—1911	32	1035	596.8
中华民国	1912—1949	33.3	1 000	500